Abschied vom Opfertod

Meinrad Limbeck

Abschied vom Opfertod
Das Christentum neu denken

Matthias Grünewald Verlag

VERLAGSGRUPPE PATMOS

PATMOS
ESCHBACH
GRÜNEWALD
THORBECKE
SCHWABEN

Die Verlagsgruppe
mit Sinn für das Leben

Für die Schwabenverlag AG ist Nachhaltigkeit ein wichtiger Maßstab ihres Handelns. Wir achten daher auf den Einsatz umweltschonender Ressourcen und Materialien. Dieses Buch wurde auf FSC®-zertifiziertem Papier gedruckt. FSC (Forest Stewardship Council®) ist eine nicht staatliche, gemeinnützige Organisation, die sich für eine ökologische und sozial verantwortliche Nutzung der Wälder unserer Erde einsetzt.

Bibliografische Information der Deutschen Nationalbibliothek
Die Deutsche Nationalbibliothek verzeichnet diese Publikation in der Deutschen Nationalbibliografie; detaillierte bibliografische Daten sind im Internet über http://dnb.d-nb.de abrufbar.

Bibeltexte, soweit nicht anders angegeben, sind entnommen aus der Einheitsübersetzung der Heiligen Schrift, © Katholische Bibelanstalt Stuttgart, 1980.

Alle Rechte vorbehalten
© 2012 Matthias Grünewald Verlag der Schwabenverlag AG, Ostfildern
www.gruenewaldverlag.de

Umschlaggestaltung: Finken & Bumiller, Stuttgart
Druck: GGP Media GmbH, Pößneck
Hergestellt in Deutschland
ISBN 978-3-7867-2945-7 (Print)
ISBN 978-3-7867-2962-4 (eBook)

Inhalt

11 *Vorwort*

Teil I
Jesu Weg zum Kreuz

15 **1. Wollte Gott wirklich Jesu Tod?**

18 **2. Das Gottesbild Jesu**
19 *2.1 Heilungen am Sabbat*
22 *2.2 Gemeinschaft mit Sündern und Zöllnern*

27 **3. Was Jesus prägte und bewegte**
27 *3.1 Eine unerwartete Erfahrung*
29 *3.2 Eine veränderte Sicht*
33 *3.3 Eine tiefe Ahnung*

4. Eine tödliche Entscheidung
4.1 Jesus war kein frommer Pilger — 38
4.2 In Jesu Blick: das Kreuz — 40

5. Gewalttätiger Eifer — 43
5.1 Widerstand gegen das Herkömmliche — 43
5.2 Hingeben, nicht abgeben! — 48

6. Misslungene Kommunikation — 51
6.1 Fallen statt Brücken — 51
6.2 Abgestempelt — 55

7. Jesu Kreuzigung – weder sinnvoll noch notwendig — 57
7.1 Nicht der Tod stand im Blick — 57
7.2 Jesu Abschiedsmahl — 59
7.3 Was zu Jesu Kreuzigung führte — 63

Teil II
Ostern

8. Der Tod ist nicht das Ende — 71
8.1 Im Zwiespalt — 71
8.2 Den Frauen sei Dank! — 73
8.3 Begegnungen, die sich nicht verschweigen lassen — 75

Teil III
Deutungen des Todes Jesu

81 9. Grundsätzliches

83 10. Die Kreuzestheologie des Apostels Paulus
84 *10.1 Das Gottesbild des Paulus*
87 *10.2 Das Evangelium des Paulus: Der Schutzmantelchristus*
90 *10.3 Logisch – aber auch theologisch?*

92 11. Die missverstandene Sühne
93 *11.1 Was wir als Erstes begreifen sollten*
97 *11.2 Die Sühne im zwischenmenschlichen Bereich*
99 *11.3 Die Sühne in der Beziehung Mensch – Gott*

102 12. »Durch seine Wunden sind wir geheilt!«

105 13. Der leidende Gerechte

Teil IV
Das Erbe Jesu

111 14. Augen, die sehen
111 *14.1 Gottes Reich: eine Utopie?*
114 *14.2 Gottes Reich: was an Gutem möglich ist*

122 15. Ohren, die hören
123 *15.1 Gott ist* nicht *allmächtig!*
129 *15.2 Was uns die Erzählung vom Paradies verrät*
135 *15.3 Nicht gehorchen, hören!*

141 16. Herzen, die lieben
141 16.1 Was möglich wäre, aber nicht sein muss
144 16.2 So wächst Gottes Reich

Teil V
Der Sinn des Christentums

151 17. Gott zur Geltung bringen

155 Anmerkungen

*Für
Ellen
meine Frau*

Hoffnung
ist nicht die Überzeugung,
dass etwas gut ausgeht,
sondern die Gewissheit,
dass etwas Sinn hat,
egal wie es ausgeht.

Václav Havel

Vorwort

Wozu war Jesus von Nazaret eigentlich gekommen? Um für die Menschen zu sterben oder um ihnen eine frohe Botschaft auszurichten? Fragt man das älteste Evangelium, war Letzteres der Fall: »Nachdem Johannes überliefert worden war, kam Jesus nach Galiläa und verkündete das Evangelium Gottes: Die Zeit ist erfüllt, das Reich Gottes ist da! Kehrt um und vertraut auf das Evangelium!« (Markus 1,14f.)[1]

Welch frohe Botschaft! Und doch hatte sie Jesu Kreuzigung zur Folge. Weshalb nur? Waren wirklich nur Jesu Gegner dafür verantwortlich? Wohl kaum; denn bei aller Hochschätzung, Bewunderung und Verehrung – hätte Jesus sich nicht doch jeweils ein wenig kommunikativer verhalten können, als er den Pharisäern und Sadduzäern, den Schriftgelehrten seines Volkes und dem Hohen Rat begegnete? Staunenden Scharen frappierende Gleichnisse erzählen zu können, ist gewiss hilfreich und bewundernswert, doch wäre es nicht genauso wichtig gewesen, den theologischen Gesprächspartnern gleich zu Beginn zu signalisieren, *ihre* Positionen durchaus verstanden zu haben? Den Gesprächspartner dort abzuholen, wo er steht, ist ja keine neue Voraussetzung für eine (eventuell) gelingende Kommunikation.

Diese Frage – und nicht die neuerdings angestoßene theologische Diskussion um Jesu Tod als Sühne, Opfer und Stellvertretung – stand am Beginn dieses Buches. Und es lohnte sich, ihr nicht ausgewichen zu sein. Es bedurfte keiner tiefsinnigen theologischen Spekulationen, um verstehen zu können, weshalb es zum Prozess gegen Jesus und zu Jesu Kreuzestod gekommen war. Der Sinn – oder die Sinnlosigkeit – von Jesu gewaltsamem Tod ergibt sich aus seiner Vorgeschichte. Dies bewusst zu machen, ist das erste Anliegen dieses Buches.

Freilich, wenn Jesu Tod tatsächlich sinnlos war, hat damit auch das Christentum seinen Sinn verloren? Weshalb dieser Schluss ein Kurzschluss wäre, versucht der zweite Teil des Buches einsichtig zu machen. Je konsequenter wir nämlich einerseits Jesu Botschaft im Zusammenhang mit dem Glauben seines Volkes, d.h. im Horizont von Israels Bibel hören und verstehen, und andererseits die Möglichkeiten und Nöte unserer heutigen Zeit zur Kenntnis nehmen, umso sinnvoller und hilfreicher wird Jesu Botschaft und Praxis über alle Grenzen hinweg.

Von Herzen widme ich dieses Buch Ellen, meiner Frau. Sie hat mir nicht nur ganz wesentlich geholfen, die Weite und Schönheit des Lebens wahrzunehmen, es war auch ihr hartnäckiger Widerspruch, der vor dem Kreuz auf Golgota kein Ausweichen erlaubte.

Tübingen, im Frühjahr 2012

Teil I
Jesu Weg zum Kreuz

1. Wollte Gott wirklich Jesu Tod?

Mag es in der Lehre noch so große Differenzen zwischen den einzelnen christlichen Kirchen und Gemeinschaften geben, an *einem* Punkt stimmen alle überein: Jesus von Nazaret hat uns Menschen nach Gottes Willen durch seinen Tod am Kreuz erlöst und mit Gott versöhnt. So hatte bereits eine Vielzahl der ersten Christen in ihren Schriften, in unserem Neuen Testament, Jesu Tod gesehen und gedeutet, und so haben es wohl auch noch die meisten in unserem Land in ihrem Religionsunterricht gelernt. Doch kann man den Kreuzestod Jesu auch heute noch so deuten und verstehen?

Zwei Überlegungen müssten hier nachdenklich machen:
1. Angenommen, Jesu Tod am Kreuz wäre tatsächlich der einzig mögliche Weg zur Erlösung der Menschen gewesen, dann wäre die Erlösung gescheitert, wenn Jesus mit seiner Verkündigung und in seinem Wirken verstanden und akzeptiert worden wäre. Hätte dann aber nicht Gott selbst (menschlich gesprochen) für

Jesu Scheitern Sorge tragen müssen (und genau das hatte der Apostel Paulus ja auch geglaubt![2]). Dann hätten freilich weder Jesus noch der Großteil seiner Zeitgenossen eine echte Chance zum gegenseitigen Verständnis gehabt! Waren sie also nur Marionetten auf Gottes Bühne?

2. Wann und wo immer Menschen Gottes guten Willen missachten[3] – religiös gesprochen: wann und wo immer sie sündigen –, hat ihr Verhalten negative Auswirkungen auf ihre Welt und auf sie selbst: Man lässt positive Möglichkeiten ungenützt, man zerstört mögliches Heil und man wird so in seinem eigenen Fühlen, Denken und Handeln immer liebloser. Wie sollte es da möglich sein, dass *der gewaltsame Tod* eines anderen Menschen die eigenen inneren Festlegungen – die Prägungen im Gehirn – auflöst und zerbrochene, verfehlte positive Möglichkeiten neu schafft?

Derartige Überlegungen sind freilich unnötig. Wer unvoreingenommen dem ältesten Bericht folgt, der im Rahmen des Markusevangeliums den Weg schildert, an dessen Ende die Kreuzigung Jesu stand, kann sehr deutlich erkennen, welche Erfahrungen, Umstände und Kräfte zu Jesu gewaltsamem Tod geführt hatten. Hätten sich unter anderen Umständen andere Kräfte aufgrund anderer Erfahrungen durchsetzen können, wäre es gewiss nicht zu Jesu Hinrichtung gekommen. Nichts zwingt uns, in Jesu Tod ein unumgängliches gottgewolltes und gottgefälliges Opfer zur Erlösung der Menschen zu sehen.

Freilich, wenn Jesus nicht nach Gottes Willen am Kreuz als Opfer und Sühne für die Sünden aller Menschen starb, worin könnte dann die Bedeutung seines Lebens und Wirkens für uns Menschen heute bestehen? Gibt es dann überhaupt noch einen wirklichen Grund für die Existenz der *christlichen* Kirchen und Gemeinschaften? Ganz gewiss! Denn in dem Augenblick, in dem die Bedeutung Jesu nicht länger an dessen Hinrichtung auf Golgota festgemacht wird – so wie es bereits beim Apostel Paulus geschah[4] –, werden wir fähig zu sehen und zu hören, wie Jesu Botschaft und Wirken uns heute über alle Konfessionen und Glaubensgemeinschaften hinaus den Weg zu einem sinnvollen Leben weisen und dem Glauben an Gott einen guten Grund und eine neue Strahlkraft verleihen können. Dies deutlich zu machen, ist das Ziel der folgenden Kapitel, damit wir nicht länger für die eigentliche, frohe Botschaft taub und blind bleiben, die für immer mit dem Leben und Wirken Jesu von Nazaret verbunden sein wird.

2. Das Gottesbild Jesu

Wer Jesu Leben und Sterben verstehen will, muss *eines* ganz ernst nehmen: Für Jesus gab es keinen Zweifel an der Existenz Gottes. Als Glied des Volkes Israel hatte er von klein auf gelernt: Seit Israels Auszug aus Ägypten ist Jahwe, der Herr, Israels Gott; denn eben deshalb, weil Jahwe Israels Gott sein wollte, hatte er die Nachkommen Abrahams, Isaaks und Jakobs aus der ägyptischen Knechtschaft befreit und inmitten all der anderen Völker zu *seinem* Volk gemacht. Daher lautete auch Jesu Glaubensbekenntnis:

> »Höre, Israel! Jahwe, unser Gott, Jahwe ist einzig. Darum sollst du den Herrn, deinen Gott, lieben mit ganzem Herzen, mit ganzer Seele und mit ganzer Kraft!« (Deuteronomium / 5 Mose 6,4f.)

So dürfte auch Jesus im Rahmen seiner Familie von Kindheit an gelernt haben, was zu tun und was zu lassen war, wenn man als ein Kind Israels Gott mit ganzem Herzen und mit ganzer Kraft lieben wollte. Das heißt, wir können mit guten Gründen davon ausgehen, dass Jesus sich in seiner Frömmigkeit nicht wesentlich von seinen Alters- und Volksgenossen unterschieden hat. Und doch! Als Jesus öffentlich lehrte und wirkte, wich er an zwei wesentlichen Punkten gezielt und sehr direkt von der allgemein praktizierten Frömmigkeit ab. In diesen Fällen hatte er ein ganz eigenes Gottesbild.

2.1 Heilungen am Sabbat

Weshalb konnten sich nicht alle Zuschauer dabei mitfreuen?

> »Am Sabbat lehrte Jesus in einer Synagoge. Dort saß eine Frau, die seit achtzehn Jahren krank war, weil sie von einem Dämon geplagt wurde; ihr Rücken war verkrümmt, und sie konnte nicht mehr aufrecht gehen. Als Jesus sie sah, rief er sie zu sich und sagte: Frau, du bist von deinem Leiden erlöst. Und er legte ihr die Hände auf. Im gleichen Augenblick richtete sie sich auf und pries Gott. Der Synagogenvorsteher aber war empört darüber, dass Jesus am Sabbat heilte, und sagte zu den Leuten: Sechs Tage sind zum Arbeiten da. Kommt also an diesen Tagen und lasst euch heilen, nicht am Sabbat.« (Lukas 13,10–14)

Und bald darauf noch einmal:

> »Als Jesus an einem Sabbat in das Haus eines führenden Pharisäers zum Essen kam, beobachtete man ihn genau. Da stand auf einmal ein Mann vor ihm, der an Wassersucht litt. Jesus

wandte sich an die Gesetzeslehrer und die Pharisäer und fragte: Ist es am Sabbat erlaubt zu heilen, oder nicht? Sie schwiegen. Da berührte er den Mann, heilte ihn und ließ ihn gehen.« (Lukas 14,1–4)

Jesus hatte sich mit seinen Heilungen am Sabbat ganz offensichtlich nicht nur Freunde gemacht:

»Als er ein andermal in eine Synagoge ging, saß dort ein Mann, dessen Hand verdorrt war. Und sie gaben acht, ob Jesus ihn am Sabbat heilen werde; sie suchten nämlich einen Grund zur Anklage gegen ihn.« (Markus 3,1f.)

Was waren die Gründe für ein derart feindseliges Verhalten gegenüber Jesus gerade am Sabbat?
Die Antwort finden wir in einer jüdischen Nacherzählung des biblischen Schöpfungsberichts aus dem zweiten vorchristlichen Jahrhundert. Nach ihr offenbarte ein Engel dem Mose:

»Und allen Engeln des Angesichts und allen Engeln der Heiligung, den beiden großen Geschlechtern, uns sagte er [Gott] dieses, dass wir Sabbat feiern sollten mit ihm im Himmel und auf der Erde. Und er sagte zu uns: ›Siehe, ich will schaffen und erwählen mir ein Volk mitten aus meinen Völkern. Und sie werden mir Sabbat halten. Und ich werde sie heiligen mir zu einem Volk. Und ich werde sie segnen. Wie ich geheiligt habe den Tag des Sabbats und ihn mir heiligen werde, so will ich es segnen. Und sie werden mir mein Volk sein, und ich werde ihr Gott sein. Und ich habe auserwählt den Samen Jakobs unter allem, was ich gesehen habe, und ich habe ihn mir aufgeschrieben als erstgeborenen Sohn. Und ich habe ihn mir geheiligt in die Ewigkeit der Ewigkeit. Und den Tag des Sabbats werde ich ihnen zeigen, damit sie Sabbat halten an ihm von aller Arbeit.‹ Und er machte an ihm ein Zeichen, nach welchem sie *Sabbat halten* sollten *mit uns* am siebenten Tag, zu essen und zu trinken und ihn zu segnen, der alles geschaffen hat, wie er gesegnet und geheiligt hat sich das Volk, das aus allen Völkern hervorragt, *damit sie Sabbat halten in Gemeinschaft mit uns*, aufsteigen zu lassen seine Gebote als schönen Duft, der angenehm sein sollte vor ihm alle Tage.«[5]

Weil für die Menschen in Israel zur Zeit Jesu die Gemeinschaft mit Gott, das heißt: die Teilnahme an *Gottes* Sabbaten, im Mittelpunkt eines jeden Sabbats stand, hatte in ihren Augen der Mensch am Sabbat *seine* Bedürfnisse und Nöte zurückzustellen. Zwar unterbricht Gott nach jüdischem Verständnis sein Wirken als Schöpfer und Richter auch am Sabbat nicht, doch sind davon all jene Fälle zu unterscheiden, in denen der Mensch mit seinen *nicht* lebensnotwendigen Sorgen und Bitten in die Ruhe und Freude Gottes ›einbricht‹; denn in all diesen Fällen macht der einzelne Israelit nicht wirklich ernst damit, dass er am Sabbat an *Gottes* Ruhe und Freude teilnehmen darf. Um eben dieser *göttlichen* Ruhe willen soll der Mensch auf *sein* Bitten verzichten – weshalb *bis zum heutigen Tag* in der Synagoge am Sabbat *kein* Bittgebet gesprochen wird: »Alle Bitten um irdische Güter, so wichtig sie die ganze Woche genommen werden, müssen an diesem Tag schweigen.«[6]

Im Unterschied zu diesem bereits zu Jesu Zeit gängigen und allgemein akzeptierten frommen Sabbatverständnis war Gott in Jesu Augen *zu jeder Zeit vor allem* für die Menschen da, um ihnen, wann und wo immer möglich, Gutes zu tun und Heil zu schenken. Das heißt, Gottes Heilswille war nach Jesu Überzeugung jederzeit dem Bitten der Menschen voraus. Es gibt keinen Grund zu glauben, Gott würde zu irgendeiner Zeit und unter bestimmten Umständen *seinen* guten, dem Menschen bedingungslos *entgegenkommenden* Willen zurücknehmen und vorübergehend außer Kraft setzen.

Dieser Glaube bestimmte Jesus auch im Umgang mit den Sündern und Zöllnern.

2.2 Gemeinschaft mit Sündern und Zöllnern

Dass Jesus während seines öffentlichen Wirkens auch mit den Zöllnern und den sogenannten Sündern zusammengekommen war und Gemeinschaft gepflegt hatte, ist ebenso unbestritten wie die Tatsache, dass Jesus damit in bestimmten Kreisen großen Anstoß erregt hatte – beispielsweise bei der Berufung des Zöllners Levi:

> »Als Jesus (am See) weiterging, sah er Levi, den Sohn des Alphäus, am Zoll sitzen und sagte zu ihm: Folge mir nach! Da stand Levi auf und folgte ihm. Und als Jesus in seinem Haus beim Essen war, aßen viele Zöllner und Sünder mit ihm und seinen Jüngern; denn es folgten ihm schon viele. Als die Schriftgelehrten, die zur Partei der Pharisäer gehörten, sahen, dass er mit Zöllnern und Sündern aß, sagten sie zu seinen Jüngern: Wie kann er zusammen mit Zöllnern und Sündern essen?« (Markus 2,14–16)

Ähnlich auch später, als Jesus sich bei dem Oberzöllner Zachäus in Jericho selbst einlud:

»Dann kam Jesus nach Jericho und ging durch die Stadt. Dort wohnte ein Mann namens Zachäus; er war der oberste Zollpächter und war sehr reich. Er wollte gern sehen, wer dieser Jesus sei, doch die Menschenmenge versperrte ihm die Sicht; denn er war sehr klein. Darum lief er voraus und stieg auf einen Maulbeerfeigenbaum, um Jesus zu sehen, der dort vorbeikommen musste. Als Jesus an die Stelle kam, schaute er hinauf und sagte zu ihm: Zachäus, komm schnell herunter! Denn ich muss heute in deinem Haus Gast sein. Da stieg er schnell herunter und nahm Jesus freudig bei sich auf. Als die Leute das sahen, empörten sie sich und sagten: Er ist bei einem Sünder eingekehrt.« (Lukas 19,1–7)

Weshalb diese Aufregung und Empörung? Wir verstehen sie nur, wenn wir die folgenden drei Punkte nicht außer Acht lassen:

a) Nachdem die Verbannten um 530 v. Chr. aus dem babylonischen Exil zurückgekehrt waren, und seitdem der zerstörte Tempel in Jerusalem wieder aufgebaut war, hatten die Menschen in Israel immer entschlossener die Weisungen und Gebote zur Grundlage und zum Maßstab ihres Lebens gemacht, die in der Tora (= Weisung), in den sogenannten fünf Büchern Mose, als Ausdruck des göttlichen Willens niedergeschrieben waren. Darin stimmten alle Gläubigen in Israel überein, gleichgültig, ob sie (später) der Partei der Sadduzäer, der Pharisäer, dem Hohen Rat oder der Gemeinschaft von Qumran angehörten.

Freilich, die Menschen in Israel lebten auf keiner Insel, und deshalb kamen sie natürlicherweise auch mit den »heidnischen« Völkern in Berührung – sei es, weil viele von ihnen ins Ausland abwanderten, sei es, weil sich auch immer mehr »Heiden« in Palästina niederließen. Die Folge war unausweichlich. Man erlebte als Angehöriger des auserwählten Volkes, dass man auch dann gut, anständig und glücklich leben und in seinem Handeln Erfolg haben konnte, wenn man sich nicht an die göttlichen Gebote in der Tora, im Gesetz des Mose, hielt. Und so gab es in Israel immer mehr Menschen, die sich nicht länger von ihrer Bibel vorschreiben ließen, wie sie sich in ihrem Privat- und Geschäftsleben als Angehörige des auserwählten Volkes zu verhalten hätten.

Verständlicherweise reagierten alle, die ihre Zugehörigkeit zum auserwählten Volk Israel ernstnahmen, mit Ablehnung auf ein solch liberales, unjüdisches Verhalten. Wer sich vom Gesetz des Mose löste, war in ihren Augen ein Frevler (in griechischer Sprache: ein Sünder), selbst dann, wenn der einzelne dadurch viel Erfolg hatte. Wer gesetzlos lebte, war ein Sünder, der mit seinem Verhalten das Leben und das Land des auserwählten Volkes verunreinigte und der deshalb von allen abgelehnt und gemieden wurde, für die ihre Zugehörigkeit zu Gottes heiligem Volk eine besondere Verpflichtung darstellte.

Eine gute Charakterisierung des Frevlers, des Sünders, finden wir in Psalm 73:

> »Ich aber – fast wären meine Füße gestrauchelt,
> beinahe wäre ich gefallen.
> Denn ich habe mich über die Prahler ereifert,
> als ich sah, dass es diesen Frevlern so gut ging.
> Sie leiden ja keine Qualen,
> ihr Leib ist gesund und wohlgenährt.
> Sie kennen nicht die Mühsal der Sterblichen,
> sind nicht geplagt wie andere Menschen.
> Darum ist Hochmut ihr Halsschmuck,
> wie ein Gewand umhüllt sie Gewalttat.
> Sie sehen kaum aus den Augen vor Fett,

ihr Herz läuft über von bösen Plänen.
Sie höhnen, und was sie sagen, ist schlecht;
sie sind falsch und reden von oben herab.
Sie reißen ihr Maul bis zum Himmel auf
und lassen auf Erden ihrer Zunge freien Lauf.
Darum wendet sich das Volk ihnen zu
und schlürft ihre Worte in vollen Zügen.
Sie sagen: ›Wie sollte Gott das merken?
Wie kann der Höchste das wissen?‹
Wahrhaftig, so sind die Frevler:
Immer im Glück, häufen sie Reichtum auf Reichtum.«
(Psalm 73,2–12)

Die Sünder lebten gewiss nicht am Rande der Gesellschaft, wie bis heute immer wieder fälschlicherweise zu lesen und zu hören ist, um aus Jesus einen »Sozialapostel« zu machen. Sie hatten gesellschaftliche Macht, mit der sie über andere verfügen konnten.

b) Wenn sich ein Sünder bekehrte, d. h. wenn er bereit war, die notwendigen Sündopfer darzubringen und den angerichteten Schaden in der ihm möglichen Weise wiedergutzumachen, dann galt er nicht länger als Sünder, der gemieden werden musste: »Beschäme keinen, der sich von der Sünde bekehrt hat; denk daran, dass wir alle schuldig sind.« (Jesus Sirach 8,5)

c) Sich Sündern und Zöllnern zuzuwenden, um sie zur Umkehr zu rufen, war *an sich* nichts Anstößiges. Solches hatte nicht nur Johannes der Täufer, sondern zumindest auch ein Teil der Pharisäer in der Hoffnung getan, die angesprochenen Sünder zur Umkehr bewegen zu können. Und dennoch war ihnen – anders als bei Jesus – nie der Vorwurf gemacht worden, »Freunde von Zöllnern und Sündern« zu sein.

Dies alles lässt nur *einen* Schluss zu: Jesus konnte nicht allein dadurch Anstoß erregt haben, dass er sich in seiner Verkündigung auch an Sünder und Zöllner gewandt hatte. Der von ihm verursachte Anstoß wird vielmehr nur verständlich, wenn er mit Sündern und Zöllnern Gemeinschaft pflegte, ohne von ihnen ausdrücklich die Umkehr, die Wiedergutmachung des von ihnen angerichteten Schadens und die Darbringung des geforderten Sündopfers zu verlangen. Dies bedeutete nämlich einen elementaren Bruch mit den bis dahin gültigen göttlichen Gesetzen, wonach der Mensch nur *nach* seiner Umkehr und nur aufgrund seines persönlichen Opfers oder dank der Liturgie des Versöhnungstages die Vergebung seiner Sünden von Gott erlangen konnte. Und auch für diesen Bruch können wir nur den gleichen Grund ausmachen, der Jesus veranlasst hatte, am Sabbat »normale« Kranke zu heilen:
Es war Jesu *Gottesverständnis*, das er in bewegender Weise im Gleichnis vom barmherzigen Vater und seinem verlorenen Sohn zur Sprache gebracht hatte. »Der Vater sah ihn schon von weitem kommen, und er hatte Mitleid mit ihm. Er lief dem Sohn entgegen, fiel ihm um den Hals und küsste ihn.« (Lukas 15,20) Gott lässt sich (nach Jesu Überzeugung) in seiner liebevollen Zuneigung zu uns Menschen und in seiner Hilfsbereitschaft zu keiner Zeit und von niemandem beirren und aufhalten. Seine Liebe verwirklicht sich nicht – distanziert – in der Opferung eines Stellvertreters.

Jesu ganzes Wirken, sein Reden und Tun versteht nur, wer Jesu Gottesbild teilt. Doch wie war Jesus zu ihm gekommen?

3. Was Jesus prägte und bewegte

3.1 Eine unerwartete Erfahrung

Auch Jesus hatte sich – wohl als Einziger aus seiner Familie – von Nazaret aus zu Johannes dem Täufer auf den Weg gemacht. Offensichtlich fühlte er sich wie viele andere von der Predigt des Täufers angesprochen. Das gilt selbst dann, wenn Jesus sich zunächst nur deshalb von Galiläa in den Jordangraben hinabbegeben hätte, weil er sich genauer informieren und den Täufer persönlich hören und erleben wollte. Nun hatte Johannes aber Gott als den verkündet, der in Kürze *zum Gericht* erscheinen werde:

»Schon ist die Axt an die Wurzel der Bäume gelegt; jeder Baum, der keine gute Frucht bringt, wird umgehauen und ins Feuer geworfen. ... Schon hält er die Schaufel in der Hand; er wird die Spreu vom Weizen trennen und den Weizen in seine Scheune bringen; die Spreu aber wird er in nie verlöschendem Feuer verbrennen.« (Matthäus 3,10.12)

Wenn Jesus sich davon angesprochen fühlte und wenn er im Blick auf seine Gegenwart genau das Gott zutraute, dann konnte sich sein Bild von Gott und der Welt nicht wesentlich von dem Gottesbild des Täufers unterschieden haben. Dann spricht alles dafür, dass Jesus zu jener Zeit in Gott zunächst einmal den gesehen hatte, der in Bälde der Geschichte seines Volkes im Gericht ein Ende setzen wird.

Doch dann machte Jesus eine ganz andere Erfahrung:

>»Und es geschah – in jenen Tagen kam Jesus von Nazaret in Galiläa und er wurde im Jordan von Johannes getauft. Und sofort als er aus dem Wasser hinaufstieg, sah er den Himmel sich öffnen und den Geist wie eine Taube auf sich herabkommen. Und eine Stimme erging aus dem Himmel: ›Du bist mein geliebter Sohn, an dir habe ich Gefallen gefunden‹.«
> (Markus 1,9–11)

Jesus hatte Gott *nicht* als Richter erfahren. Gott hatte sich (menschlich gesprochen) nicht bei den Sünden aufgehalten, die er vor Johannes bekannt hatte und derentwegen er sich von ihm hatte taufen lassen. Was bedeutete dies? Wenn Gott *nicht* Israels Richter war, wer war er dann für sein Volk Israel? Wenn Jesus seine Tauferfahrung ernst nahm, musste er vor allem weiteren auf diese Frage eine Antwort finden.

So gesehen wird es verständlich, dass Jesus sich nach seiner Taufe und seiner überraschenden Gotteserfahrung in die Wüste zurückzog. Ein solcher Rückzug war ja nicht das Normale; denn üblicherweise kehrten die Menschen nach ihrer Taufe durch

Johannes in ihren Alltag zurück, oder sie schlossen sich Johannes als dessen Jünger an. Und weil ein solcher Wüstenaufenthalt auch von dem zukünftigen Messias nicht erwartet wurde, spricht nichts dafür, dass Jesu Aufenthalt in der Wüste erst von den frühen Christen erfunden wurde, als sie in Jesus den Messias sahen.

Das heißt, wir können guten Gewissens davon ausgehen, dass es Jesus nach seinem so unerwartet positiven Tauferlebnis tatsächlich in die Wüste gedrängt hatte. Dort aber erlebte er – bildlich ausgedrückt – nicht nur eine paradiesische Zeit, dort wurde er auch vom Satan versucht: »Danach trieb der Geist Jesus in die Wüste. Dort blieb Jesus vierzig Tage lang und wurde vom Satan in Versuchung geführt. Er lebte bei den wilden Tieren, und die Engel dienten ihm.« (Markus 1,12–13)
Wie können wir diese Notiz verstehen? Worin könnte Jesu Versuchung durch Satan bestanden haben?

3.2 Eine veränderte Sicht

Jene Vision, die Jesus unmittelbar nach seiner Taufe erlebt hatte, war nicht die einzige in seinem Leben geblieben. Jesus sprach auch noch von einer zweiten:

> »Ich sah den Satan wie einen Blitz aus dem Himmel fallen!« (Lukas 10,18)[7]

Diese Vision musste für Jesus sehr wichtig gewesen sein, sonst hätte er sie kaum erwähnt. Der geschilderte Fall des Satans wäre aber gewiss nicht erwähnenswert gewesen, hätte der Satan in den Himmel zurückkehren können. Der Himmel musste (nach Jesu

Überzeugung) dem Satan von nun an für immer verschlossen sein.

Was war Jesus in diesem Bild bewusst geworden?

Wenn wir auf diese Frage eine Antwort suchen, sollten wir auf jeden Fall *eines* nicht tun – was leider allzu oft geschieht: Wir sollten nicht stillschweigend voraussetzen, schon Jesus habe unser *traditionelles* Satansverständnis geteilt, Jesus habe in diesem Bild also auch schon all das eingeschlossen gesehen, was uns einfällt, wenn wir das Wort »Satan« hören. Für Jesu Bild vom Satan war ein Dreifaches charakteristisch:

a) Der Satan war zunächst *kein gefallener Engel*, sondern er gehörte mit einer spezifischen Aufgabe als Gottes Geschöpf *in den Himmel*. Er sollte als von Gott bestellter *Ankläger* die Vergehen der Menschen vor Gott zur Sprache bringen. In dieser Funktion begegnet uns der Satan beispielsweise im Buch Ijob (1,6–12) und beim Propheten Sacharja (3,1–4). Das heißt, der Satan war in den Augen des frühen Judentums – und damit auch in Jesu Augen – weder ein gefallener Engel (der gar noch andere Engel mit sich in den Abgrund gerissen hätte!), noch galt er als Gottes Feind.

b) Nie und nimmer wurde von den jüdischen Gläubigen zur Zeit Jesu der Satan mit den Dämonen in Verbindung gebracht; denn die Dämonen verdankten (nach ihrem Glauben) ihre Existenz nicht wie der Satan Gottes Willen und Wirken, sondern eher »abenteuerlichen« Umständen:

Für die einen waren die Dämonen die Geister jener Riesen, die (nach Genesis / 1 Mose 6,1–4) die Engel unter Führung Semjazas mit den Menschentöchtern gezeugt hatten. Denn, so wusste man zu erzählen, nachdem diese Engel auf Gottes Befehl in die Unterwelt geworfen worden seien, wo sie gefesselt des endgültigen

Gerichts harrten, hätten sich die Riesen vor den Augen ihrer Väter selbst hingeschlachtet. Seitdem streiften ihre Geister als Dämonen ruhelos durch die Welt.

Für andere waren die Dämonen die Seelen, die Gott in der Abenddämmerung des sechsten Schöpfungstages geschaffen hatte. Als Gott jedoch im Begriff gewesen wäre, ihren Leib zu schaffen, wäre der Sabbat eingetreten, der ihn gehindert hätte, sein Werk zu vollenden – und so wären diese Seelen Geister ohne Leib, d. h. Dämonen, geblieben.

Wieder andere glaubten, dass es sich bei den Dämonen um einen Teil des Turmbaugeschlechts (Genesis / 1 Mose 11,1–9) handle, während die Dämonen für den jüdischen Geschichtsschreiber Josephus Flavius ganz allgemein die Geister böser Menschen waren. Und schließlich gab es auch noch die Auffassung, nach der die Dämonen aus dem Geschlechtsverkehr Adams mit weiblichen Geistern und dem Evas mit männlichen Geistern entstanden seien.[8]

Es ist also gewiss kein Zufall, dass Jesus seine Dämonenaustreibungen niemals als einen Kampf gegen den Satan verstanden hatte.[9]

c) Für die Menschen des frühen Judentums war der Satan keineswegs das einzige Wesen, von dem geglaubt wurde, es könne – mit Gottes Einverständnis – einen wesentlichen Einfluss auf das Leben und die Geschicke des Menschen nehmen. Neben dem Satan rechnete man beispielsweise mit Azazel, mit Belial oder Beliar, mit dem »Herrscher dieser Welt« oder mit dem »Obersten der Dämonen« und mit einigen anderen mehr, ohne dass zwischen diesen »Herrschaften« immer genau unterschieden worden wäre.

Nur eines war ihnen *im Unterschied zum Satan* allen gemeinsam: Von keinem dieser (Engel-)Wesen wurde geglaubt, dass es im eigentlichen Himmel, d. h. in *Gottes* Welt lebe oder dorthin Zutritt habe. Von keinem dieser Wesen glaubte man, dass es (bildlich gesprochen) von der Welt her kommen könne, »um vor den Herrn hinzutreten«[10]. Aus dem Himmel konnte nur *einer* fallen: der Satan, der als gottgewollter Ankläger eben dorthin Zutritt hatte.

Wir verlieren den rechten Blick für Jesu Vision, wenn wir im Satan den Anführer oder die Verkörperung irgendwelcher böser, gottwidriger Mächte erblicken und so in Satans Fall die beginnende Entmachtung dieser gott- und menschenfeindlichen Wesen offenbart sehen. Dass *wir* den Sturz des Satans oftmals so verstehen, hat etwas mit unserer Herkunft aus dem Heidentum zu tun! Denn verständlicherweise wurde der Satan schon sehr früh für die Christen *aus dem Heidentum* sozusagen zum »Boss« aller bösen Engelmächte, da ihnen das *jüdische* Verständnis der Satansgestalt ja nicht geläufig war. Für Jesus selbst freilich hatte der Satan durchaus eine *beschränkte* Funktion.

Doch was hatte Jesus dann gesehen? Was war ihm in jenem Augenblick bewusst geworden?
Wenn wir es ernst nehmen, dass auf dem Hintergrund von Israels Bibel der Satan auch in Jesu Bewusstsein *der Ankläger* war, dann lautete für Jesus die Botschaft seiner zweiten Vision: Derjenige, der bislang die Menschen nach Gottes Willen vor Gott anklagte, hat keinen Platz mehr *vor* Gott und damit auch keinen Einfluss mehr *auf* Gott. ==Gott ist nicht mehr länger willens, sich von den Vergehen der Menschen in seinem Verhalten bestimmen zu lassen und den Menschen als Richter gegenüberzutreten.==

Das mochte bis zum Auftreten des Täufers so gewesen sein. Diese Vision war keine Kritik an Johannes dem Täufer. Auch wenn der Täufer in der Tradition der früheren Propheten Gott als Richter Israels gesehen und verkündet hatte – *jetzt* war alles anders; denn »ich sah den Satan wie einen Blitz aus dem Himmel fallen«. *Indem Jesus dieser Vision glaubte und sich an ihr nicht irre machen ließ, widerstand er der Versuchung durch Satan.* Jesus, der mit einem widersprüchlichen Gottesbild in die Wüste gegangen war, kehrte überzeugt mit einem eindeutigen, klaren Gottesbild zurück.

Damit hatte sich freilich nicht auch schon Jesu Zeitverständnis geändert. Noch immer war er wie Johannes der Täufer überzeugt: »Die Zeit ist voll!« (Markus 1,15) Gott würde in Bälde zu seinem Volk Israel kommen. Doch wie, wenn nicht als Richter?

3.3 Eine tiefe Ahnung

Man muss nicht von Natur aus zu den Skeptikern und Pessimisten gehören, wenn einen Zweifel überfallen, ob sich aus dem *einen* Wort Jesu vom Satanssturz tatsächlich eine so tiefgreifende und weitreichende Veränderung in Jesu Gottesbild ableiten lässt, wie wir sie angenommen haben. Doch wir sind keineswegs nur auf dieses *eine* Wort Jesu angewiesen. Bereits in der Frühzeit von Jesu öffentlichem Wirken stoßen wir nämlich auf eine Besonderheit, die in diametralem Gegensatz zu Jesu Gang an den Jordan steht und die sich nur aus Jesu verändertem Gottesbild erklären lässt. Und da bereits die frühe Christenheit diese Besonderheit aufgegeben hatte, kann sie nicht von ihr in Jesu Leben zurückprojiziert worden sein.

Anders als die Jünger des Johannes und anders als die Pharisäer
fasteteJesus mit seinen Jüngern nämlich *nicht*! Darauf angesprochen antwortete Jesus mit der Gegenfrage: »Können denn *die
Söhne des Brautgemachs* fasten, während der Bräutigam bei ihnen
ist?« (Markus 2,19). – Hier sind also nicht die »Hochzeitsgäste«
im Allgemeinen gemeint, wie unsere Bibelübersetzungen gewöhnlich glauben lassen!

Wenn wir verstehen wollen, wasJesus damit meinte, müssen wir
ein Doppeltes beachten: Wer war mit dem Bräutigam gemeint?
Und: Was war die Funktion der »Söhne des Brautgemachs«?

a) Wir sind es zwar gewohnt, in dem Bräutigam Jesus und in den
Söhnen des Brautgemachs JesuJünger zu sehen, doch so konnte
Jesus sein Wort (und sein Verhalten) niemals gemeint haben. Das
hätte niemand verstanden, da es für Israel nur *einen* Bräutigam
gab:Jahwe, Gott selbst (Hosea 2,18–25;Jesaja 62,5) – und Er hatte
Israel, seinem Volk versprochen: »Ich traue mich dir an um den
Brautpreis von Gerechtigkeit und Recht, von Liebe und Erbar-
men; ich traue dich mir an um den Brautpreis meiner Treue.
Dann wirst du den Herrn erkennen.« (Hosea 2,21f.)
Gott also war Israels Bräutigam – und er war (in den AugenJesu)
in Israel *gegenwärtig*. Darauf aufmerksam zu machen war die Aufgabe der sogenannten »Söhne des Brautgemachs«.

b) Die »Söhne des Brautgemachs« waren nämlich *die Freunde* des
Bräutigams. Sie hatten eine doppelte Funktion: Sie begleiteten
den Bräutigam, wenn er die Braut vom Haus ihrer Eltern mit
Musik und Paukenschlägen zu sich heimholte, und sie umring-
ten zusammen mit dem Bräutigam die Sänfte der Braut.
Nehmen wir also das vonJesus gebrauchte Bild ernst, dann ver-
standJesus sich und seine Jünger zunächst einmal als *Freunde des*

Bräutigams Jahwe, der auf dem Weg war, die Geschichte mit seinem Volk in beglückender Weise zu vollenden.

Von hier aus fällt nun aber auch auf jenes Ereignis im Leben Jesu ein neues Licht, das in unseren Bibeln gewöhnlich unter der Überschrift »Die Berufung der ersten Jünger« (Markus 1,16–20) präsentiert wird. Diese Überschrift führt in die Irre; denn Jesus war es dabei keineswegs darum gegangen, *Jünger* in seine *Nachfolge* zu berufen – zumindest nicht, wenn wir den Text des Markusevangeliums beim Wort nehmen. Auffällig ist da zunächst einmal, dass Jesus zu Simon und Andreas eben nicht sagte: »Kommt her, folgt mir nach!« (so die *Einheitsübersetzung*), vielmehr forderte Jesus die beiden Brüder nur auf: »Auf, hinter mich!« Damit hatte Jesus dem Simon und dem Andreas aber nur zugerufen, was einst Jonatan seinem Waffenträger zugerufen hatte, als er ihn aufforderte, ihm im Angriff gegen die Philister hinterherzukommen: »Geh hinter mir hinauf!« (1 Samuel 14,12) Und wenn es dann heißt: »Ich werde euch zu Menschenfischern machen«, dann sagte Jesus ihnen eigentlich nur, dass sie zukünftig Menschen »ans Land ziehen«, d.h. fangen und gewinnen sollen. Auch das klingt nicht sehr theologisch. Deshalb übertreiben viele Übersetzungen auch, wenn sie diese ganze Geschichte mit den Worten beschließen: »und (sie) folgten Jesus nach.« Auch hier heißt es eigentlich nur ganz profan: »und sie gingen hinter ihm her.« (Markus 1,20)

Wenn wir beim biblischen Text bleiben, dann hatte Jesus ursprünglich keineswegs schon Jünger, sondern »nur« junge Männer gesucht, weil sie zusammen mit ihm die *Freunde des Bräutigams* sein sollten. *Zusammen* würden sie von nun an Israels Bräutigam, d.h. Gott, auf seinem Weg begleiten. Und weil dort, wo Gott war, auch sein Reich war, bezeugten sie als Gottes Begleiter und Freunde in ihrer Gemeinschaft zugleich *Gottes Reich*. Auf diese Weise wollte Jesus seinen Zeitgenossen bewusst machen, dass Gott mit seinem Reich bereits unter ihnen anwesend war, um in allernächster Zeit seine Geschichte mit ihnen in Freude zu vollenden, bildlich ausgedrückt: um sich mit ihnen zu vermählen und mit ihnen ein großes Festmahl zu halten.

Wir verstehen Jesus in seinem Reden und Tun nur, wenn wir uns bewusst machen, dass es ihm vor allem darum gegangen war, seine Zeitgenossen dazu zu bringen, sich auf die (in seinen Augen) unmittelbar bevorstehende heilvolle Begegnung mit ihrem Gott einzustellen und darauf zu vertrauen, dass Gottes Reich unter ihnen bereits gegenwärtig war. Deshalb sein Ruf: »Die Zeit ist voll, das Reich Gottes ist da! Kehrt um [d. h. macht nicht einfach so weiter] und vertraut auf die frohe Botschaft!« (Markus 1,15). Die übliche Übersetzung »Die Zeit ist erfüllt, das Reich Gottes ist nahe. Kehrt um, und glaubt an das Evangelium!« wird dem Urtext nicht gerecht: Im Griechischen wird das Perfekt (*ēggiken*, von *eggizô* = sich nähern, nahekommen) verwendet, um einen Zustand als etwas Andauerndes auszudrücken, d. h. *ēggiken* bezeichnet den Zustand, der sich aus dem Sich-Nähern ergeben hat, also das Nahegekommen-Sein, das Da-Sein. Genauso fehlerhaft ist es, die griechischen Worte *pisteuein en* mit »glauben an« zu übersetzen. *Pisteuein en* heißt »*vertrauen auf*«!
Diese Botschaft in Wort und Tat auszurichten – das war es, was nach Jesu Überzeugung Gott von ihm wollte. Dazu und zu nichts anderem fühlte sich Jesus gesandt.

4. Eine tödliche Entscheidung

Der Zustrom zu Jesus war beachtlich. Als Wundertäter, aber auch als Geschichtenerzähler war er sehr schnell zu einer besonderen Attraktion geworden (Markus 1,32; 2,1f.; 3,7–9; 4,1; 5,21; 6,31–34). Dennoch hatte er nicht den erhofften Erfolg. Daran lassen Jesu Weherufe über die galiläischen Dörfer Chorazin, Betsaida und Kafarnaum (Matthäus 11,21–24) sowie sein resignierendes Urteil über »diese Generation« keinen Zweifel:

> »Die Männer von Ninive werden beim Gericht gegen diese Generation auftreten und sie verurteilen; denn sie haben sich nach der Predigt des Jona bekehrt. Hier aber ist einer, der mehr ist als Jona. Die Königin des Südens wird beim Gericht gegen diese Generation auftreten und sie verurteilen; denn sie kam vom Ende der Erde, um die Weisheit Salomos zu hören. Hier aber ist einer, der mehr ist als Salomo!« (Matthäus 12,41–42)

Was war wohl der Grund dafür, dass von Jesus letztendlich doch ein so geringer Einfluss auf das religiöse, gesellschaftliche und politische Leben seines Volkes ausgegangen war?

Wir würden es uns zu leicht machen, würden wir dafür einfach die Oberflächlichkeit, die Hartherzigkeit oder gar irgendwelche Glaubenskälte von Jesu Zeitgenossen verantwortlich machen. Wir dürfen ja nicht übersehen: Jesus war keineswegs der einzige herausragende Lehrer und Wundertäter im damaligen Leben des jüdischen Volkes. So war beispielsweise Paulus nicht Jesu wegen, sondern Gamaliëls wegen von Tarsus in Kleinasien nach Jerusalem gekommen[11], und in Jesu Familie war Jesus der Einzige, der sich zu Johanes dem Täufer auf den Weg gemacht hatte. Der Rest der Familie fühlte sich offensichtlich durch die Gerichtspredigt des Täufers nicht beunruhigt. Schließlich hatte man in der Tora, dem Gesetz des Mose, eine zuverlässige Weisung für eine gottgefällige Gestaltung des Lebens[12] und in der Liturgie des Tempels – nicht zuletzt am sogenannten Versöhnungstag[13] – die Garantie für Gottes immer neue Vergebung. Es gab für Jesu Zeitgenossen, Priester wie Laien, viele gute Gründe, unbeirrt und unaufgeregt am eigenen Glaubensvollzug festzuhalten und »so weiterzumachen«. Weshalb konnte Jesus dies nicht gelten lassen?

Den tiefsten Grund für die so unterschiedliche Einschätzung dessen, was Gott von den Menschen in Israel erwartete, offenbarte Jesus durch sein Verhalten im Jerusalemer Tempel.

4.1 Jesus war kein frommer Pilger

Auf den ersten Blick scheint Jesus einer der vielen Pilger gewesen zu sein, die zu Pesach, zum Osterfest, dem Gesetz entsprechend nach Jerusalem hinaufzogen. Doch dieser Eindruck ändert sich in dem Augenblick, in dem wir bereit sind, uns das vor Augen zu führen, was zu den *wesentlichen* Aktivitäten eines jeden Festpilgers zur Zeit des Zweiten Tempels gehörte:

Um den Tempel betreten zu dürfen, mussten sich alle von auswärts kommenden Pilger einem speziellen Reinigungsprozess von sieben Tagen unterziehen. Zu ihm gehörte es, sich am dritten und siebten Tag mit Sühne-Wasser besprengen zu lassen. Dies hätte auch für Jesus und seine Jünger gegolten, wenn sie sich wie normale Festpilger verstanden und verhalten hätten. Ja, selbst wenn Jesus und seine Jünger sich bereits in »kultisch reinem« Zustand als *geschlossene* Gruppe auf den Weg nach Jerusalem gemacht hätten, wären Jesus und seine Begleiter *normalerweise* verpflichtet gewesen, ein Tauchbad zu nehmen, ehe sie den (Frauen- und Israeliten-)Vorhof des Tempels betraten.

Auf all das enthalten aber die Evangelien nicht den geringsten Hinweis. Im Gegenteil! Markus berichtet in seinem Evangelium nur nüchtern, kurz und knapp: »Und er zog nach Jerusalem hinein in den Tempel. Nachdem er sich alles angesehen hatte, ging er spät am Abend mit den Zwölf nach Betanien hinaus.« (Markus 11,11) Es ist wohl kein Zufall, dass Matthäus diese Notiz seinen judenchristlichen Lesern vorenthielt und durch eine positivere Schilderung ersetzte: »Als er in Jerusalem einzog, geriet die ganze Stadt in Aufregung, und man fragte: Wer ist das? Die Leute sagten: Das ist der Prophet Jesus von Nazaret in Galiläa.« (Matthäus 21,10f.) Dass Jesus sich einst so profan im Tempel verhalten hatte, war keinem frommen Juden zu vermitteln.

4.2 In Jesu Blick: das Kreuz

Es gibt noch einen weiteren Grund, der es uns verbietet, Jesu Zug nach Jerusalem als Wallfahrt zu verstehen:
Die zwei ersten Evangelien berichten im Zusammenhang mit Jesu Aufbruch nach Jerusalem nicht nur Jesu erste Leidensweissagung, sondern auch Jesu Jüngerbelehrung: »Wenn einer hinter mir nachfolgen will, verleugne er sich selbst und nehme sein Kreuz auf [*nicht*: auf sich!] und folge mir!« (Markus 8,34)
Wir sind es zwar gewohnt, das Wort von der Kreuzesnachfolge ganz allgemein auf die Nöte, Entbehrungen und Leiden zu beziehen, die sich für die einzelnen auf Grund der Jesusnachfolge ergeben. Doch eben so konnten Jesu Hörer dieses Wort nicht verstanden haben, da sowohl im Griechischen als auch im Hebräischen/Aramäischen zur Zeit Jesu eine derart übertragene Bedeutung der Wendung »sein Kreuz aufnehmen« nicht bekannt war. Wer da vom Kreuz-Aufnehmen sprach, hatte jenen Akt vor Augen, bei dem ein Verurteilter das Kreuz am Beginn des Weges zur Hinrichtung aufnahm! Das war bei Jesus nicht anders. Freilich, wenn Jesus sagte: »er nehme sein Kreuz auf und folge mir!«, dann setzte er stillschweigend voraus, dass *er* mit dem Kreuz vorangehen werde.
Nun war die Kreuzigung aber keine jüdische Strafe, sondern die traditionelle Hinrichtungsart der Römer. Das aber bedeutet: Wenn Jesus dieses Wort gesprochen hat – und daran zweifelt kein ernsthafter Wissenschaftler –, dann muss Jesus sehr stark mit der Hinrichtung *durch die Römer* gerechnet haben – gewiss aber nicht deshalb, weil er hätte fürchten müssen, von den maßgebenden Leuten seines Volkes *seiner Lehre wegen* an die Römer ausgeliefert zu werden. Denn bei aller Schärfe der theologischen Auseinandersetzung konnte Jesus immer davon ausgehen, dass sie ihn

nicht das Leben kosten würde. Es war in seinem Volk nun einmal nicht üblich, einen Lehrer deshalb *zum Tod* zu verurteilen, weil er in der Auslegung der Tora von der herrschenden Meinung abwich. Das Schlimmste, das ihn von Seiten seines Volkes treffen konnte, war der Bann.

Infolgedessen musste Jesus nie fürchten, seiner Lehre wegen an die Römer ausgeliefert zu werden. Und da ihm – nach allem, was wir von Jesus wissen – nichts ferner lag, als irgendwelche politischen Aktionen gegen die Römer anzuzetteln, gab es letztlich nur *einen* Fall, bei dem er ernsthaft damit rechnen musste, in die Hände der Römer zu geraten: *bei einer Aktion gegen den Tempel*! Denn der Aufruhr, der dabei wohl entstehen würde, konnte in den Augen der Römer eine reale Gefahr darstellen – so wie es beispielsweise bei der Gefangennahme des Paulus im Vorhof des Tempels tatsächlich geschah:

> »Bis zu diesen Worten hörten sie ihm zu, dann fingen sie an zu schreien: Weg mit diesem Menschen! Er darf nicht am Leben bleiben. Sie lärmten, zerrissen ihre Kleider und warfen Staub in die Luft. Da befahl der (römische) Oberst, ihn in die Kaserne zu führen, und ordnete an, ihn unter Geißelschlägen zu verhören.« (Apostelgeschichte 22,22–24)

Da Jesus diese Aktion aber nicht allein unternehmen würde, drohte auch denen, die ihn dabei begleiteten, die Hinrichtung. Deshalb: »Wer nicht sein Kreuz aufnimmt und hinter mir nachfolgt, ist meiner nicht wert.« (Matthäus 10,38) Und dieses Schicksal stand Jesus keineswegs nur als theoretische Möglichkeit vor Augen. Sonst hätte er Johannes und Jakobus, die Söhne des Zebedäus, wohl kaum gefragt: »Könnt ihr den Kelch trinken, den ich trinke?«, als sie ihn baten: »Lass in deinem Reich einen von uns rechts und den anderen links neben dir sitzen.« (Markus 10,37–39) Das Bild vom Becher, der ausgetrunken werden muss, war nämlich ein bekanntes biblisches Bild für ein schlimmes Geschick, das einem von einem anderen bereitet wird.[14]

Wir haben also guten Grund anzunehmen, dass Jesus mit seinen Jüngern und Jüngerinnen nicht deshalb von Galiläa nach Jerusalem aufgebrochen war, weil er mit ihnen im Rahmen des bevorstehenden Osterfestes am Tempelkult teilnehmen wollte. Gewiss war er aber auch nicht deshalb nach Jerusalem hinaufgezogen, um dort nach Gottes Willen zur Erlösung der Menschen am Kreuz zu sterben!

Doch weshalb dann?

5. Gewalttätiger Eifer

5.1 Widerstand gegen das Herkömmliche

Es waren nicht nur irgendwelche Devotionalienhändler – vergleichbar den Kaufständen vor unseren Wallfahrtskirchen –, gegen die Jesus bei seinem zweiten Tempelbesuch vorging, als er die Händler und Käufer aus dem Tempel hinauszutreiben begann, und als er die Tische der Geldwechsler und die Stände der Taubenhändler umwarf (Markus 11,15f.). Schließlich war der Jerusalemer Tempel – wie alle antiken Tempel – zu keiner Zeit ein Ort bloßen Gebets gewesen. Von Beginn an wurden im ersten *und* im zweiten Tempel Opfer dargebracht – Opfer, die im *Gesetz des Mose*, in Israels Heiliger Schrift, ausdrücklich in Gottes Namen befohlen wurden. Deshalb gehörten auch in den Augen von Jesu Zeitgenossen Käufer und Verkäufer der geforderten Opfergaben ganz wesentlich zum Tempel. Wer sie vertrieb, legte einen unaufgebbaren Teil des Gottesdienstes lahm.

Aber auch die Geldwechsler hatten am Rand des Vorhofs der Heiden einen sinnvollen Platz; denn sowohl die Tempelsteuer als auch die verschiedenen Opfergaben konnten nur in Didrachmen oder Tetradrachmen der autonomen Münze von Tyrus bezahlt werden. Diese »tyrische Währung« garantierte nämlich nicht nur die Bildlosigkeit, sondern auch ein hochwertiges Silber! Deshalb benötigten nicht nur die Juden aus der Diaspora, sondern auch die »Einheimischen« der Dienste der Geldwechsler, wenn sie eines der im Gesetz vorgeschriebenen und geregelten Opfer darbringen wollten.

In der Zeit vor dem Pesachfest hatten die Geldwechsler aber auch noch eine zweite Aufgabe wahrzunehmen. Sie hatten die noch ausstehende Tempelsteuer einzuziehen, weil von ihr die täglichen Sühnopfer des folgenden Jahres bezahlt wurden. Damit stellte aber Jesu Vorgehen gegen die Geldwechsler in den Augen aller gläubigen Juden einen *elementaren* Angriff auf die Darbringung der individuellen und kollektiven Opfer dar. Deshalb musste ein Angriff gegen die Geldwechsler zwangsläufig als Ablehnung des Opferkults verstanden werden. Das aber lässt nur *einen* Schluss zu:

Ganz offensichtlich konnte Jesus mit den offiziellen Gottesdiensten seines Volkes nichts mehr anfangen! Sie waren ihm absolut zuwider – sichtbar auch an einem weiteren eigenartigen Verhalten Jesu, das uns freilich nur noch in dem ältesten Evangelium, im Markusevangelium, überliefert wird. Wir verstehen Jesu Verhalten allerdings nur, wenn wir den Urtext des Evangeliums genau übersetzen und einen damaligen hochgeschätzten Wallfahrtsbrauch berücksichtigen.

Markus erwähnt im Anschluss an Jesu Vorgehen gegen die Geldwechsler, Käufer und Verkäufer noch eine weitere Aktivität Jesu:

»… und er ließ nicht zu, dass jemand *ein Gefäß* durch den Tempel trug« (Markus 11,16)¹⁵. Nun kann man zwar immer wieder hören und lesen, Jesus habe sich damit nur dagegen gewandt, dass der Tempel(bezirk) von Lastträgern als Abkürzungsweg missbraucht wurde. Doch eine derartige Erklärung verbieten schon die örtlichen Gegebenheiten des (noch) intakten Tempels: Wer den Tempelbezirk *von West nach Ost* durchquerte, fand in der ganzen ca. 470m langen Mauer nur ein einziges Tor – und dies führte keineswegs in bewohnte Gegenden, sondern in das Kidron-Tal und zu den Gräbern am Ölberg. Aber auch dieses *eine* Tor im Osten war für den normalen Juden verschlossen. Nur für den Hohenpriester und dessen Helfer wurde es einmal im Jahr geöffnet, wenn sie durch dieses Tor »eine rote, fehlerlose, einwandfreie Kuh, die noch kein Joch getragen hatte«, auf den Ölberg führten, um sie dort zu schlachten und zu verbrennen, da ihre Asche für die Herstellung eines »Reinigungswassers« benötigt wurde (Numeri / 4 Mose 19,1–10).

Wer aber *von Norden nach Süden* irgendwelche Lasten zu tragen hatte, fand in der großen, gepflasterten Tyropoionstraße, die eine direkte Verbindung zwischen dem Ober- und Untermarkt darstellte, einen viel einfacheren und bequemeren Weg als den Tempelvorhof, den er ja nur über eine Vielzahl von Treppen erreichen oder verlassen konnte. Das heißt, bei den Geräten, die Jesus nicht durch den Tempelbezirk tragen ließ, kann es sich nicht einfach nur um gewöhnliche Tragelasten des alltäglichen Lebens gehandelt haben! Doch worum dann?

Die Antwort bietet sich von selbst an, wenn man bereit ist, zur Kenntnis zu nehmen, dass gerade an den drei Wallfahrtsfesten ganz andere, für die Wallfahrer *sehr attraktive Geräte* durch den Tempel getragen wurden;¹⁶ denn »neben der Teilnahme am Gottesdienst und am Pflichtopfer war es auch *die Schau der heiligen*

Geräte, die zu diesem Zweck in den Vorhof herausgebracht wurden, die das Volk in den Tempel lockte.«[17]

Interessanterweise berichtet nun ein »unbekanntes Evangelium synoptischen Stils«[18] gerade im Zusammenhang mit dieser »Schau der heiligen Geräte« einen Zusammenstoß zwischen Jesus und einem Tempelpriester[19], der überzeugt war, Jesus habe ohne die dafür verlangten Waschungen den Hof der Männer betreten, um ebenfalls die heiligen Geräte anzusehen! Der Text dieses »unbekannten Evangeliums« wurde im Dezember 1905 in Mittelägypten auf einem Blatt aus einem Pergamentbuch (des 4./5. Jh. n. Chr.) gefunden und lautet:

»Und er [Jesus] nahm sie [die Jünger] mit sich und führte sie in den Reinheitsbezirk selbst und ging im Tempel umher. Und es trat ein Pharisäer, ein Hochpriester mit Namen Levi [?], herzu und traf mit ihnen zusammen, und er sagte dem Heiland: Wer hat dir gestattet, diesen Reinheitsbezirk zu betreten und diese heiligen *Geräte* zu besehen, nachdem weder du dich gebadet hast noch gar deine Jünger ihre Füße gewaschen haben? Sondern befleckt hast du diesen Tempel betreten, einen reinen Platz, den keiner betreten darf, außer wenn er sich gebadet und die Kleider gewaschen hat, und auch nicht wagen darf, diese heiligen *Geräte* zu betrachten. Und sofort blieb der Heiland mit seinen Jüngern stehen und antwortete: Du also, der du hier im Tempel bist, du bist rein? Jener antwortete ihm: Ich bin rein; denn ich habe mich im Davidsteich gebadet, und durch die eine Treppe ging ich hinab und durch die andere hinauf, und ich habe weiße und reine Kleider angezogen und dann kam ich und habe diese heiligen *Geräte* angeschaut. Der Heiland aber antwortete ihm und sagte: Wehe ihr Blinden, die ihr nicht seht ...«[20]

Bedenkt man jetzt, dass sowohl dieses unbekannte Evangelium als auch Markus 11,16 von einem Vorfall im Tempel während eines Wallfahrtsfestes berichten und dabei *Geräte (skeuē)* erwähnen, und überlegt man andererseits, was den Verfasser des ältesten Evangeliums veranlasst haben könnte, diese Notiz seinem Bericht phantasievoll hinzuzufügen, so gibt es eigentlich nur *eine* einleuchtende Erklärung: Beide Texte gehen auf einen *realen* Vorfall zurück – weshalb es nur logisch war, dass diese Notiz dort gestrichen wurde (Matthäus 21,12–17; Lukas 19,45f.), wo man um jenen konkreten Vorfall nicht mehr wusste. Nur vom *irdischen* Jesus her und nicht im Rahmen eines theologischen Entwurfs bekommt und behält das von Markus erwähnte Verhalten Jesu einen Sinn.

So gewiss Jesus ein Jude war, der im Glauben seiner Väter großgeworden war, und so sinnlos es wäre, Jesus aus seinem Volk gleichsam »herausbrechen« zu wollen – wir kommen nicht daran vorbei, dass Jesus sich bei seinem letzten Aufenthalt in Jerusalem in drei Situationen sehr eigenartig verhalten hat:
Er nahm – zusammen mit seinen Jüngern und Jüngerinnen – nicht an den liturgischen Vollzügen teil, zu denen alle Wallfahrer traditionsgemäß verpflichtet waren; er attackierte die Geldwechsler, die Käufer und Verkäufer im Tempelvorhof, und er stellte sich denen in den Weg, die dem Volk entgegenkamen, um es durch kultische Schaustellung zu beeindrucken und zu begeistern. Fragt man, was diese drei Aktionen miteinander verbindet, lässt sich wohl so antworten: Gemeinsam war ihnen der Protest gegen bestimmte aktuelle Vorgänge, in denen die Menschen im Tempel Gott zu erleben glaubten und in denen sie ihre eigene Beziehung zu Gott ausdrückten.

Weshalb hatte Jesus all diese Formen der Frömmigkeit wohl abgelehnt? Wir können ja nicht annehmen, dass sie von seinen Zeitgenossen nur pro forma und nicht aufrichtig und mit ehrlichem Herzen praktiziert wurden.

5.2 Hingeben, nicht abgeben!

48 Jesus ließ die Menschen im Tempel nicht im Unklaren über die Gründe, die ihn zu seinem gewalttätigen Vorgehen bewogen hatten: »Er lehrte sie und sagte: Heißt es nicht in der Schrift: *Mein Haus soll ein Haus des Gebets für alle Völker sein?* Ihr aber habt daraus eine *Räuberhöhle* gemacht!« (Markus 11,17) Was hatte Jesus wohl veranlasst, den Tempel als *Räuberhöhle* zu bezeichnen? Hatte Jesus vielleicht das Geld im Auge, das den Menschen im Tempel von der Priesterschaft »in Gottes Namen« abverlangt wurde?

Auch wenn sich eine solche Vermutung nahelegen kann – das Bild der *Räuberhöhle* war Jesus bereits durch den Propheten Jeremia vorgegeben, der am Eingang des Tempels diese Botschaft auszurichten hatte:

> »So spricht der Herr der Heere, der Gott Israels: ... Wie? Stehlen, morden, die Ehe brechen, falsch schwören, dem Baal opfern und anderen Göttern nachlaufen, die ihr nicht kennt – und dabei kommt ihr und tretet vor mein Angesicht in diesem Haus, über dem mein Name ausgerufen ist, und sagt: Wir sind geborgen!, um dann weiter all jene Gräuel zu treiben? Ist denn in euren Augen dieses Haus, über dem mein Name ausgerufen ist, eine Räuberhöhle geworden?« (Jeremia 7,3.9–11)

Was Jesus mit seiner Anspielung auf den Propheten Jeremia meinte, ist also klar:

> »In der Sicht des Propheten dient der Tempel den Angesprochenen gerade dazu, ihr unrechtes Verhalten nicht zu ändern. So wie räuberische Banditen ihr Treiben nur aufrecht halten können, weil sie zwischen ihren Zügen in ihrem Versteck Zuflucht finden, von wo aus sie neuerlich zu Raub aufbrechen, so verwenden faktisch die Angesprochenen den Tempel. ... Die Räuberhöhlenmetapher geht also im Kontext des Jeremia-Textes keineswegs darauf, den Tempel etwa als *Arsenal und Versteck von geraubten Gütern* zu brandmarken, vielmehr darauf, die Angesprochenen in ihrer verfehlten, kontraproduktiven Tempelpraxis zu treffen.«[21]

Worin sah nun aber Jesus die »verfehlte, kontraproduktive Tempelpraxis« seiner Zeit?
Eine erste Antwort finden wir in der Geschichte, mit der das Markusevangelium Jesu Aufenthalt im Tempel beendet:

> »Als Jesus dem Opferkasten gegenübersaß, sah er zu, wie die Leute Geld in den Kasten warfen. Viele Reiche kamen und gaben viel. Da kam auch eine arme Witwe und warf zwei kleine Münzen hinein. Er rief seine Jünger zu sich und sagte: Amen, ich sage euch: Diese arme Witwe hat mehr in den Opferkasten hineingeworfen als alle anderen. Denn sie alle haben nur etwas von ihrem Überfluss hergegeben, diese Frau aber, die kaum das Nötigste zum Leben hat, sie hat alles gegeben, was sie besaß, ihren ganzen Lebensunterhalt!« (Markus 12,41–44)

Gott nicht nur »etwas« abzugeben – irgendwelche Gaben, dankbare Worte oder sonstige Zeichen der Verehrung –, sondern sich in dem, was einen leben lässt, Gott ganz hinzugeben, dies gibt in den Augen Jesu dem *Tempel als Ort sich vollziehender Hingabe* seinen wahren, »produktiven« Sinn.

In dieselbe Richtung weist das Jesaja-Zitat, das Jesus dem Bild von der Räuberhöhle vorangestellt hatte: »Mein Haus soll ein Haus des Gebets für alle Völker sein!« (vgl. Jes 56,7). Nur dies will also Gott: Nicht dass die Menschen im Tempel sich all dessen entledigen, was sie Gott persönlich zu schulden glauben, sondern dass sie an diesem Ort ihr Herz und ihren Verstand, ihr Hoffen und Wollen bewusst auf ihn ausrichten, um ihm zu begegnen. Hätten die Menschen in Israel dies verstanden und gelebt, hätten sie nach Jesu Überzeugung auf seine Botschaft »Die Zeit ist voll, das Reich Gottes ist da!« (Markus 1,15) nicht so gleichgültig und uninteressiert reagiert. Deshalb sein Widerstand gegen den aktuellen, gewiss gut gemeinten Jerusalemer Tempelgottesdienst seiner Zeit. Damit könnte Jesu Widerstand aber auch heute noch für alle, Gläubige und Ungläubige, richtungsweisend sein.

6. Misslungene Kommunikation

Was waren wohl die Gründe dafür, dass es zwischen den Priestern am Jerusalemer Tempel und den übrigen damaligen religiösen Gruppen in Israel auf der einen Seite und Jesus auf der anderen Seite nicht zu einem echten Gespräch kam? Weshalb endete ihre Begegnung in der Katastrophe von Golgota? Hätte man nicht erkennen müssen, dass es ihnen allen um dasselbe ging: Die Menschen in Israel sollten so leben, wie es Gott von ihnen erwartete?
Die Ursachen für das gegenseitige Unverständnis machen nachdenklich.

6.1 Fallen statt Brücken

Durch seine Aktionen im Tempel hatte Jesus die öffentliche Aufmerksamkeit endgültig auf sich gezogen. So war es fast unausweichlich, dass Jesus nunmehr von denen gezielt angegangen wurde, die bis dahin das gesellschaftliche und religiöse Leben geprägt hatten: vom Hohen Rat, von den Sadduzäern sowie von den Pharisäern und Herodianern. Sie alle hatten Fragen. Freilich, betrachtet man die Gespräche genauer, zu denen es damals gekommen war, zeigt sich sehr schnell, dass es den Fragestellern – mit *einer* Ausnahme – nie darum gegangen war, dem nahezukommen, was Jesus im Grunde zu seinem Tun veranlasst hatte – auch nicht den Mitgliedern des Hohen Rats, die sich bei ihrer Frage nach Jesu Vollmacht Jesus am entscheidenden Punkt dann doch verweigerten:

> »Als Jesus im Tempel umherging, kamen die Hohenpriester, die Schriftgelehrten und Ältesten zu ihm und fragten ihn: Mit welchem Recht tust du das alles? Wer hat dir die Vollmacht gegeben, das zu tun? Jesus sagte zu ihnen: Zuerst will ich euch eine Frage vorlegen. Antwortet mir, dann werde ich euch sagen, mit welchem Recht ich das tue: Stammte die Taufe des Johannes vom Himmel oder von den Menschen? Antwortet mir! Da überlegten sie und sagten zueinander: Wenn wir antworten: Vom Himmel!, so wird er sagen: Warum habt ihr ihm dann nicht geglaubt? Sollen wir also antworten: Von den Menschen? Sie fürchteten sich aber vor den Leuten; denn alle glaubten, dass Johannes wirklich ein Prophet war. Darum antworteten sie Jesus: Wir wissen es nicht. Jesus erwiderte: Dann sage auch ich euch nicht, mit welchem Recht ich das alles tue.« (Markus 11,27–33)

Aber auch die Pharisäer, die Herodianer und die Sadduzäer erwecken nicht den Eindruck, als ob sie Jesus hätten wirklich verstehen wollen. Im Gegenteil! Mit ihren Fragen wollten sie Jesus ganz deutlich bloß-, ja kaltstellen:

»Einige Pharisäer und einige Anhänger des Herodes wurden zu Jesus geschickt, um ihn in eine Falle zu locken. Sie kamen zu ihm und sagten: Meister, wir wissen, dass du immer die Wahrheit sagst und dabei auf niemand Rücksicht nimmst; denn du siehst nicht auf die Person, sondern lehrst wirklich den Weg Gottes. Ist es erlaubt, dem Kaiser Steuer zu zahlen oder nicht? Sollen wir zahlen oder nicht zahlen? Er aber durchschaute ihre Heuchelei und sagte zu ihnen: Warum stellt ihr mir eine Falle?« (Markus 12,13–15)

Ähnlich hinterhältig hört sich die Frage der Sadduzäer an:

»Von den Sadduzäern, die behaupten, es gebe keine Auferstehung, kamen einige zu Jesus und fragten ihn: Meister, Mose hat uns vorgeschrieben: *Wenn ein Mann, der einen Bruder hat, stirbt und eine Frau hinterlässt, aber kein Kind, dann soll sein Bruder die Frau heiraten und seinem Bruder Nachkommen verschaffen.* Es lebten einmal sieben Brüder. Der erste nahm sich eine Frau, und als er starb, hinterließ er keine Nachkommen. Dann nahm sie der zweite; auch er starb, ohne Nachkommen zu hinterlassen, und ebenso der dritte. Keiner der sieben hatte Nachkommen. Als letzte von allen starb die Frau. Wessen Frau wird sie nun bei der Auferstehung sein? Alle sieben hatten sie doch zur Frau gehabt?« (Markus 12,18–33)

Es waren Fangfragen, die Jesus gestellt wurden, doch Jesus ließ sich nicht fangen. Im Gegenteil! Seine Antworten steigerten sein Ansehen. Den Pharisäern und Herodianern antwortete er nämlich folgendermaßen:

»Bringt mir einen Denar, ich will ihn sehen. Man brachte ihm einen. Da fragte er sie: Wessen Bild und Aufschrift ist das? Sie antworteten ihm: Des Kaisers. Da sagte Jesus zu ihnen: So gebt dem Kaiser, was dem Kaiser gehört, und Gott, was Gott gehört. Und sie waren sehr erstaunt über ihn.« (Markus 12,15–17)

Aber auch den Sadduzäern gelang es nicht, Jesus in Verlegenheit zu bringen:

»Jesus sagte zu ihnen: Ihr irrt euch, ihr kennt weder die Schrift noch die Macht Gottes. Wenn nämlich die Menschen von den Toten auferstehen, werden sie nicht mehr heiraten, sondern sie werden sein wie die Engel im Himmel. Dass aber die Toten auferstehen, habt ihr das nicht im Buch des Mose gelesen, in der Geschichte vom Dornbusch, in der Gott zu Mose spricht: *Ich bin der Gott Abrahams, der Gott Isaaks und der Gott Jakobs*? Er ist doch nicht ein Gott von Toten, sondern von Lebenden. Ihr irrt euch sehr!« (Markus 12,24–27)

Und so brachten die theologischen Diskussionen Jesus auf der einen Seite und die Pharisäer, die Herodianer und Sadduzäer auf der anderen keinen Schritt einander näher.

Alles hätte freilich auch anders, besser verlaufen können – so wie in diesem *einen* Gespräch:

»Ein Schriftgelehrter hatte ihrem Streit zugehört, und da er bemerkt hatte, wie treffend Jesus ihnen [den Sadduzäern] antwortete, ging er zu ihm hin und fragte ihn: Welches Gebot ist das erste von allen? Jesus antwortete: Das erste ist:

Höre, Israel, der Herr, unser Gott, ist der einzige Herr. Darum sollst du den Herrn, deinen Gott, lieben mit ganzem Herzen und mit ganzer Seele, mit all deinen Gedanken und all deiner Kraft. Als zweites kommt hinzu: *Du sollst deinen Nächsten lieben wie dich selbst.* Kein anderes Gebot ist größer als diese beiden. Da sagte der Schriftgelehrte zu ihm: Sehr gut, Meister! Ganz richtig hast du gesagt: Er allein ist der Herr, und es gibt keinen anderen außer ihm, und mit ganzem Herzen, ganzem Verstand und ganzer Kraft zu lieben und den Nächsten zu lieben wie sich selbst, ist weit mehr als alle Brandopfer und anderen Opfer. Jesus sah, dass er mit Verstand geantwortet hatte, und er sagte zu ihm: Du bist nicht fern vom Reich Gottes.« (Markus 12,28–34)

6.2 Abgestempelt

Es war also auch für Jesus möglich, im Gespräch mit seinen theologischen Zeitgenossen Zustimmung und Einverständnis zu finden. Dass diese Möglichkeit dennoch nur sehr selten Wirklichkeit wurde, lag nun freilich nicht nur an Jesu jeweiligen Gesprächspartnern. Wenn wir ehrlich sind, müssen wir zugeben, dass auch von Jesu Seite aus ein größeres Entgegenkommen möglich *und* nötig gewesen wäre – beispielsweise in seinem Urteil über die Schriftgelehrten:

»Es war eine große Menschenmenge versammelt und hörte ihm mit Freude zu. Er lehrte sie und sagte: Nehmt euch in acht vor den Schriftgelehrten! Sie gehen gern in langen Gewändern umher, lieben es, wenn man sie auf den Straßen und Plätzen grüßt, und sie wollen in den Synagogen die vordersten Plätze und bei jedem Festmahl die Ehrenplätze haben. Sie bringen die Witwen um ihre Häuser und verrichten in ihrer Scheinheiligkeit lange Gebete. Aber um so härter wird das Urteil sein, das sie erwartet.« (Markus 12,37b–40)

Es gehört kein allzu großes Einfühlungsvermögen dazu, um sich klar zu machen, dass ein solch vernichtendes Urteil die Offenheit und Gesprächsbereitschaft der Schriftgelehrten in der Begegnung mit Jesus nur blockieren konnte. Und nicht anders dürfte es bei den Priestern und Leviten gewesen sein, nachdem Jesus je einen der ihren als negatives Kontrastbild zu einem barmherzigen Samariter bemüht hatte (Lukas 10,30–35).
Wir kommen nicht daran vorbei: Dass Jesus auf Seiten des gesellschaftlichen und religiösen Establishments – bei den Hohepriestern, den Schriftgelehrten und Ältesten – so wenig Anklang fand, hatte auch damit etwas zu tun, dass Jesus in deren Aktivitäten nur noch den Versuch sah, Israel als Gottes Weinberg an sich zu reißen (Markus 12,1–7). Gewiss, Jesus hatte für diese negative Einstellung und für seine abwertenden Äußerungen nachvollziehbare persönliche Gründe: In seinen Augen stand das Ende unmittelbar bevor. Deshalb wäre (in seinen Augen) nichts wichtiger gewesen, als sich ohne Zögern auf Gottes Einladung zum abschließenden Hochzeitsmahl einzulassen und ihn nicht länger mit irgendwelchen Gaben und Opfern abzuspeisen, anstatt Gott zu geben, was Gott gehört: die eigene Liebe.
Doch wer im Gesetz des Mose, in der Tora, aus guten theologischen Gründen Gottes *Weisung* für Israels *Leben* sah, musste zu einer anderen Gestaltung des eigenen und gesellschaftlichen Lebens kommen. So bahnte sich Jesu Weg zum Kreuz an – nicht nach Gottes Willen und auf Gottes Geheiß, sondern als Folge unvereinbarer theologischer Positionen und Überzeugungen.

7. Jesu Kreuzigung – weder sinnvoll noch notwendig

7.1 Nicht der Tod stand im Blick

Wir sollten uns nicht täuschen: Auch wenn die meisten Christen es noch gewohnt sind, unter dem Einfluss der urchristlichen Verkündigung dem Kreuzestod Jesu einen tiefen, göttlichen Sinn zuzuschreiben, ein solches Denken war Jesus selbst noch fremd. Der Tod, den er möglicherweise erleiden musste, war von seinen Gegnern gewollt. Dass er ihm nicht ausweichen konnte, hatte etwas mit seiner Botschaft und nichts mit den Sünden der Menschen zu tun. Weil er dem Evangelium von der Gegenwart des Reiches Gottes auch im Tempel zu Jerusalem Gehör verschaffen wollte, drohte ihm von Seiten der Hohenpriester und des Hohen Rats der Tod. Darüber war sich Jesus im Klaren, und deshalb war es auch ernst gemeint, als er die Frau in Schutz nahm, die ihn bei einem Mahl im Haus Simons des Aussätzigen mit kostbarem Nardenöl gesalbt hatte, anstatt das dafür nötige Geld den Armen zu geben:

> »Jesus aber sagte: Hört auf! Warum lasst ihr sie nicht in Ruhe? Sie hat ein gutes Werk an mir getan; denn die Armen habt ihr immer bei euch, und ihr könnt ihnen Gutes tun, so oft ihr wollt, mich aber habt ihr nicht immer. Sie hat getan, was sie konnte: Sie hat im voraus meinen Leib für das Begräbnis gesalbt.« (Markus 14,6–8)

Was hatte Jesus wohl befähigt, auch angesichts des drohenden Todes *seinen* Weg mit *seiner* Botschaft weiterzugehen?
Einen möglichen Hinweis darauf finden wir im Lukasevangelium: »Als immer mehr Menschen zu ihm [Jesus] kamen, sagte er: Diese Generation ist böse. Sie fordert ein Zeichen, aber es wird ihr kein anderes gegeben werden als das Zeichen des Jona!« (Lukas 11,29) Jona war nämlich dadurch für die Bewohner von Ninive zu einem ernstzunehmenden *Zeichen* geworden, dass Gott ihn aus der Macht des Todes gerettet hatte: »Der Herr aber schickte einen großen Fisch, der Jona verschlang. Jona war drei Tage und drei Nächte im Bauch des Fisches. ... Da befahl der Herr dem Fisch, Jona ans Land zu speien.« (Jona 2,1.11) Das zeigte ganz klar: Gott überlässt seinen Boten nicht der Macht des Todes.

Diese Tatsache hatte Jesus wohl immer vor Augen – und eben deshalb sprach er zu seiner Zuhörerschaft auch nicht nur von seinem Kreuzestod in Jerusalem, als ob dieser das (gar von Gott gewollte) Ende seines Wirkens wäre. Auch in einem solchen Moment ging sein Blick über den Tod hinaus: »Dann begann er, sie darüber zu belehren, der Menschensohn müsse vieles erleiden und von den Ältesten, den Hohepriestern und den Schriftgelehr-

ten verworfen werden; er werde getötet, aber nach drei Tagen werde er auferstehen.« (Markus 8,31)

Worauf die Menschen bereits zur Zeit des Propheten Hosea vertraut hatten – »Nach zwei Tagen gibt uns der Herr das Leben zurück, am dritten Tag richtet er uns wieder auf, und wir leben vor seinem Angesicht!« (Hosea 6,2) – und was Jona am eigenen Leib erlebt hatte, <u>bewahrte Jesus davor, in seinem möglichen Tod am Kreuz das eigentliche, gottgewollte Ziel seines Lebens zu sehen, so als ob es auf ihn letztlich in seinem Leben ankommen würde</u>. Nur so wird auch Jesu Verhalten bei seinem Abschiedsmahl im Kreis seiner Jünger und Jüngerinnen[22] verständlich.

7.2 Jesu Abschiedsmahl

Wir sind es zwar gewohnt, uns Jesu letztes Mahl so vorzustellen, wie es in den Evangelien und vom Apostel Paulus geschildet wird[23], doch die neutestamentliche Wissenschaft lässt – quer durch alle Konfessionen – keinen Zweifel daran, dass wir es in keinem Fall einfach mit einer protokollarischen Erzählung des damaligen Geschehens, sondern mit nachösterlicher Gestaltung zu tun haben.

> »Dies trifft zwar für die Jesusüberlieferung überhaupt zu – die auch darin an den Gesetzmäßigkeiten jeglichen Erzählens partizipiert –, hier aber ganz besonders: Denn die vorhandenen Texte sind unter formkritischer Hinsicht als ›Kultätiologien‹ zu bezeichnen. Darunter versteht man eine Erzählung, die einen konkreten Kult *gleichzeitig begründet und widerspiegelt*. Die Abendmahlsüberlieferung, sofern sie Kultätiologie ist, sagt uns in einem ersten Betrachtungsgang also

nicht das, was Jesus ›in der Nacht, da er verraten wurde‹, sagte und tat, sondern wie und mit welchen inhaltlichen Ansprüchen die urkirchlichen Gemeinden, denen wir die Texte verdanken, ihr Herrenmahl feierten.«[24]

Dennoch ist es nicht unmöglich, Jesu letztes Mahl in seinen wichtigsten Elementen am Beginn und am Ende zu rekonstruieren, da sie nur einsichtig und sinnvoll werden, wenn sie auf Jesus selbst in dieser besonderen Situation des Abschieds zurückgehen. Es handelt sich um die beiden Worte *am Beginn*: »Nehmt, das ist mein Leib!« (Matthäus 26,26; Markus 14,22; Lukas 22,19; 1 Korinther 11,24) und *am Ende*: »Amen, ich sage euch: Ich werde nicht mehr von der Frucht des Weinstocks trinken bis zu dem Tag, an dem ich von neuem davon trinke im Reich Gottes!« (Markus 14,25) Beide Worte werden nur aus der Situation des Abschieds verständlich.

Nimmt man nämlich das sogenannte Abendmahl als *Abschiedsmahl* ernst, fällt es nicht schwer nachzuempfinden, mit welchem Gefühl Jesus in dieser Situation wohl auf die Seinen schaute. Sie waren zu seiner Familie geworden (Markus 3,31–35). Er hatte sie gerufen, weil er sie – wie damals den reichen Jüngling (Markus 10,21) – liebte. Da musste er sich ihnen in diesem Augenblick einfach noch einmal ganz hingeben und schenken. Sie sollten es noch einmal spüren und kosten können, wie sehr er ihnen gehört: »So nahm er während des Mahles das Brot und sprach den Lobpreis, dann brach er das Brot, reichte es ihnen und sagte: ›Nehmt, das ist meine Leib!‹« (Markus 14,22) Und das bedeutete in ihrer Sprache, auf aramäisch: »Das bin ich!« Das sollte ihnen Kraft und Stärke schenken.

Ja, er gehörte ihnen. Das erlebten sie in diesem Mahl noch einmal ganz konkret. Und so konnten sie am Ende aus seiner Gewissheit vielleicht auch für sich selbst Vertrauen und Mut schöpfen, als er den Kelch nahm, das Dankgebet sprach und ihnen den Kelch mit den Worten reichte: »Amen, ich sage euch: Ich werde nicht mehr von der Frucht des Weinstocks trinken bis zu dem Tag, an dem ich von neuem davon trinke *im Reich Gottes*!« (Markus 14,25) Das aber bedeutete doch: Der Weg, der vor ihnen lag und zu dem sie nun aufbrechen würden, *wird nicht ins Dunkel des Todes, sondern in die gemeinsame Freude des Reiches Gottes* führen. Daran gab es für Jesus keinen Zweifel. Das hatte er auch jetzt noch vor Augen.

Es muss ein beeindruckendes, unvergessliches Mahl gewesen sein, und deshalb war es nur natürlich, dass Jesu Jünger und Jüngerinnen sich später immer wieder daran erinnerten und in dem Brot, das sie bei ihren gemeinsamen Mählern aßen, und in dem Kelch, aus dem sie tranken, noch Tieferes sahen: Das Brot, das sie brachen, erinnerte sie zugleich an jenes Brot, mit dem Jesus sich bei seinem letzten Mahl seinen Jüngern und Jüngerinnen *zu deren Stärkung* geschenkt hatte, und so fügten sie Jesu damaligem Wort noch ausdrücklich »für euch« hinzu. Daher ließen die Christen, auf die sich der Apostel Paulus in seinem ersten Brief an die Christen in Korinth berief, Jesus sagen: »Dies ist mein Leib für euch!« (1 Korinther 11,24)

In ähnlicher Weise gewann *der Kelch*, den Jesus am Ende des Mahles seinen Jüngern und Jüngerinnen gereicht hatte, eine tiefere Bedeutung; denn in den Augen der ersten Christen symbolisierte der Wein im Kelch das Blut, das Jesus am Kreuz vergossen hatte und auf Grund dessen Gott – nach ihrer Überzeugung – mit uns Menschen einen neuen Bund geschlossen hatte, so wie es beim Propheten Jeremia zu lesen war: »Seht, es werden Tage kommen – Spruch des Herrn –, in denen ich mit dem Haus Israel und dem Haus Juda einen neuen Bund schließen werde. ... Denn ich verzeihe ihnen die Schuld, an ihre Sünden denke ich nicht mehr.« (Jeremia 31,31.34)

So hörten die ersten Christen in Jesu Wort zum Kelch immer weniger das große Vertrauen, das Jesus am Ende seines letzten gemeinsamen Mahles geäußert hatte. Alle Aufmerksamkeit richtete sich mehr und mehr auf den Kelch, aus dem man (so glaubte man) eigentlich Jesu Blut trank und dadurch Anteil an dem Neuen Bund gewann, den Gott kraft Jesu Tod mit uns Menschen geschlossen hat.

Um daran zu erinnern, ließ ein Teil der ersten Christen Jesus bei seinem letzten Mahl auch noch sagen: »Das ist mein Blut, das Blut des Bundes, das für viele vergossen wird!« (Markus 14,24) Das Gleiche war gemeint, wenn Jesus, etwas verändert, diese Worte in den Mund gelegt wurden: »Dieser Kelch ist der Neue Bund in meinem Blut. Tut dies, so oft ihr daraus trinkt, zu meinem Gedächtnis« (1 Korinther 11,25)

Zugegeben, nach diesen Worten hatte Jesus sein Blut am Kreuz bewusst zum Heil der Menschen vergossen. Nur – wir begegnen in diesen Worten eben *nicht* Jesu eigenem Todesverständnis, sondern dem Glauben der ersten Christen. Diese Worte beweisen uns nicht, dass Jesus selbst seinem Tod bereits eine positive, Heil schaffende Wirkung zugeschrieben hatte. Hätte er dies wirklich getan, hätte er am Ölberg kaum beten können: »Abba, Vater, alles ist dir möglich. Nimm diesen Kelch von mir! Aber nicht, was ich will, sondern was du willst (soll geschehen)!« (Markus 14,36) Gott aber wollte nach Jesu Verständnis, dass er zu seiner Botschaft stehe: »Die Zeit ist voll! Das Reich Gottes ist da!« (Markus 1,15)

Daher ist sie in *jedem* Fall und bei *jedem* Schritt – auch am Ende des letzten Mahles! – unsere Zukunft. Der Gedanke, uns Menschen eine beglückende Zukunft durch irgendwelche sühnende Opfer erst ermöglichen zu müssen, war Jesus zuinnerst fremd.

7.3 Was zu Jesu Kreuzigung führte

Wer Jesu Tod ernsthaft eine Heilsbedeutung zuschreibt – so, als ob ohne diesen Tod alle Menschen unrettbar Gottes Gericht anheimgefallen wären –, muss die Vorgänge, die zu Jesu Kreuzigung führten, auch auf Gott zurückführen; denn ohne Jesu Verurteilung wäre ja nach dieser Auffassung Gottes *Heils*wille gescheitert. Nimmt man nun freilich die Ereignisse ernst, die zu Jesu Verurteilung geführt hatten, dürfte es schwerfallen, in ihnen im Grunde auch Gott selbst am Werk zu sehen; denn nach deren gründlicher Untersuchung zeigt es sich, dass es die folgenden Faktoren waren, die zu Jesu Verurteilung und Hinrichtung durch Pilatus und das römische Heer geführt hatten.

a) Nachdem Jesus im Jerusalemer Tempel in gewalttätiger Weise gegen den dortigen Kult vorgegangen war, und nachdem er in aller Öffentlichkeit das von Gott beschlossene Ende des (noch) bestehenden Tempels verkündet hatte (Markus 13,1f.), war die Möglichkeit eines Aufruhrs – auch und nicht zuletzt im Tempelbereich – nicht mehr ausgeschlossen. Dies konnte der jüdischen Führung nicht gleichgültig sein; denn

> »der von Rom eingesetzte Hohepriester und mit ihm das Synedrium (hatten) die Pflicht, den ordnungspolitischen status quo von Judäa – eine römische Militärprokuratur mit gewissen ›tempelstaatlichen‹ Autonomie-Elementen – als lokale Behörde im Inneren und unter Aufsicht des Prokurators zu

sichern: durch Prävention von Unruhen; bei Störungen der öffentlichen Ruhe durch Wiederherstellung derselben mittels polizeilicher Maßnahmen, nach aufrührerischen Vorkommnissen durch Mitwirkung an der Strafrechtsausübung des römischen Mandatsträgers. ... Mit recht großem Zutrauen kann man (daher) annehmen, dass die jüdische Führung – in Ausführung ihrer ›verfassungsmäßigen‹ Aufgabe als Polizei- und Anklage-Instanz – von sich aus *beschloss* und daran ging, Jesus ›aus dem Verkehr zu ziehen‹, insofern sie ihn als gefährlich für die labile Ordnung wahrnahm. Durch eigene Polizeikräfte wurde er *verhaftet*, anschließend *verhört* und dann dem römischen Präfekten als zuständigem Richter *übergeben*.«[25]

Für diese Interpretation der Gefangennahme Jesu spricht auch die folgende Notiz im Johannes-Evangelium (in der freilich bereits Gott die letzte Verantwortung für Jesu Passion zugeschrieben wird!):

»Die Hohepriester und Pharisäer beriefen eine Versammlung des Hohen Rates ein. Sie sagten: Was sollen wir tun? Dieser Mensch tut viele Zeichen. Wenn wir ihn gewähren lassen, werden alle an ihn glauben. Dann werden die Römer kommen und uns die heilige Stätte und das Volk nehmen. Einer von ihnen, Kajaphas, der Hohepriester jenes Jahres, sagte zu ihnen: Ihr versteht überhaupt nichts. Ihr bedenkt nicht, dass es besser für euch ist, wenn ein einziger Mensch für das Volk stirbt, als wenn das ganze Volk zugrunde geht. Das sagte er nicht aus sich selbst, sondern weil er der Hohepriester jenes Jahres war, sagte er aus prophetischer Eingebung, dass Jesus für das Volk sterben werde. Aber er sollte nicht nur für das

Volk sterben, sondern auch, um die versprengten Kinder Gottes wieder zu sammeln. Von diesem Tag an waren sie entschlossen, ihn zu töten.« (Johannes 11,47–53)

b) Nach Jesu Gefangennahme kam es zu einer Befragung Jesu durch den Hohepriester und Mitglieder des Synedriums, um mögliche Anklagepunkte für den Prozess vor Pilatus zu sammeln. Der Verlauf dieser Befragung ist zwar nicht mehr eindeutig zu rekonstruieren, da deren Schilderung in den einzelnen Evangelien[26] stark von dem Glauben der ersten Christen mitgeprägt wurde; dennoch wird man davon ausgehen können, dass zwei Punkte eine wichtige Rolle spielten, da Jesus nur bei ihnen sein sonstiges Schweigen aufgab: Zum einen bejahte Jesus die Frage des Hohepriesters: »Bist du der Messias, der Sohn des Hochgelobten?«, und zum anderen machte Jesus die Versammelten auf das bevorstehende Gericht des Menschensohnes aufmerksam, auf das auch sie, seine Ankläger, zugingen: »Da wandte sich der Hohepriester noch einmal an ihn und fragte: Bist du der Messias, der Sohn des Hochgelobten? Jesus sagte: Ich bin es. Und ihr werdet den Menschensohn zur Rechten der Macht sitzen und mit den Wolken des Himmels kommen sehen!« (Markus 14,61f.) Das war Jesu ganze Antwort. Mehr hatte er nicht zu sagen. Jesus sah sich allem Anschein nach nicht dazu berufen, mit dem Hohen Rat, mit den Schriftgelehrten und der Priesterschaft über seine Sendung und seine Botschaft zu diskutieren. Man konnte ihr vertrauen oder auch nicht. Es lag nun an Gott, die Situation des Wartens und der Erwartung zu beenden.

Der Hohepriester sah in Jesu Antwort freilich nur eine Gotteslästerung: »Da zerriss der Hohepriester sein Gewand und rief: Wozu brauchen wir noch Zeugen? Ihr habt die Gotteslästerung gehört. Was ist eure Meinung? Und sie fällten einstimmig das Urteil: Er ist schuldig und muss sterben.« (Markus 14,63f.) Doch Jesus nahm nichts zurück, und er gab in keiner Weise klein bei. Er, der befragt vom Hohepriester Gott selbst für sich in Anspruch genommen hatte – er behielt in den Augen der Versammelten seine Gefährlichkeit. Und das war Grund genug, Jesus dem römischen Statthalter Pontius Pilatus zu überstellen.

c) Bei dem römischen Prozess gegen Jesus trat die Tempelführung als Ankläger auf, und ihre Anklage muss derart gewesen sein, dass Pilatus in Jesus jemand sah, der König von Israel sein wollte: »Gleich in der Frühe fassten die Hohepriester, die Ältesten und die Schriftgelehrten, also der ganze Hohe Rat, über Jesus einen Beschluss: Sie ließen ihn fesseln und abführen und lieferten ihn Pilatus aus. Pilatus fragte ihn: Bist du der König der Juden? Er antwortete ihm: ›Du sagst es‹.« (Markus 15,1f.) Da Jesus, wenig kommunikativ, auf weitere Nachfragen schwieg (Markus 15,3–5), konzentrierte sich das Urteil des Pilatus auf diese eine Antwort: »Ich bin der König der Juden!« Die Realisierung dieses Anspruchs wäre nun aber nur mit Hilfe eines militärischen Aufstandes möglich gewesen, der die gegebene, von Rom diktierte ordnungspolitische Verfasstheit Judäas und der angrenzenden Regionen zwangsläufig gefährdet hätte. So blieb Pilatus letztendlich nur eines übrig: »Er gab Befehl, Jesus zu geißeln und zu kreuzigen.« (Markus 15,15)

Auf diese Weise erlebte auch Jesus wie viele andere gutmeinende Revolutionäre vor ihm und nach ihm die Macht derer an sich, die glauben, den in ihren Augen bestmöglichen gegenwärtigen Zustand mit allen Mitteln verteidigen zu müssen, wenn nötig auch mit tödlicher Gewalt. Sollte das Gottes Wille gewesen sein? Wohl sicherlich nicht!

Es gibt keinen triftigen Grund, das Bild des Markusevangeliums abzuschwächen: Jesus war von Gott enttäuscht, als er starb:

> »Als die sechste Stunde kam, brach über das ganze Land eine Finsternis herein. Sie dauerte bis zur neunten Stunde. Und in der neunten Stunde rief Jesus mit lauter Stimme; *Eloï, Eloï, lama sabachtani*, das heißt übersetzt: Mein Gott, mein Gott, warum hast du mich verlassen? ... Und Jesus schrie laut auf. Dann hauchte er den Geist aus.« (Markus 15,33–34.37)[27]

So endete das Leben dessen, der mit der Botschaft angetreten war:

> »Die Zeit ist voll, das Reich Gottes ist da! Kehrt um und vertraut auf die frohe Botschaft!« (Markus 1,15)

Wo war da das Reich Gottes? Wer will, wer kann unter solchen Umständen noch vertrauen?

So müsste man gewiss fragen, gäbe es in den Evangelien nicht auch noch die Ostererzählungen.

Teil II
Ostern

8. Der Tod ist nicht das Ende

8.1 Im Zwiespalt

Auch noch heute dürften die meisten Christen dem Apostel Paulus zustimmen, der seiner Gemeinde in Korinth schrieb: »Ist Christus nicht auferweckt worden, dann ist unsere Verkündigung leer und euer Glaube sinnlos.« (1 Korinther 15,14) Freilich, wenn wir auf das Neue Testament schauen, fällt diese Zustimmung nicht ganz so leicht; denn schließlich gibt es innerhalb der vier Evangelien nirgendwo so viele Unterschiede, ja Widersprüche wie in den Osterberichten.

Das älteste Evangelium, das Markusevangelium, kennt beispielsweise überhaupt keinen Bericht von irgendeiner Erscheinung des Auferstandenen. Es endet vielmehr mit der Verheißung des Engels an die Frauen: »Nun aber geht und sagt seinen Jüngern, vor allem Petrus: Er geht euch voraus nach Galiläa; dort werdet ihr ihn sehen, wie er es euch gesagt hat.« (Markus 16,7) Das Matthäusevangelium berichtet hingegen, dass der Auferstandene zuerst den Frauen »auf dem Weg« erschienen sei, ehe er sich dann auch in Galiläa »auf dem Berg, den er ihnen gesagt hatte«, den elf Jüngern gezeigt habe (Matthäus 28,9f.16). Nach dem Johannesevangelium wäre Jesus seinen Jüngern jedoch bereits in Jerusalem erschienen – der Maria von Magdala (Johannes 20,11–18), dann den Jüngern ohne Thomas (Johannes 20,19–23).

Dazu kommen noch kleinere Unterschiede: Nach dem Markus- und Matthäusevangelium war *ein* Engel im leeren Grab (Markus 16,5; Matthäus 28,5), nach dem Lukas- und Johannesevangelium waren es *zwei* (Lukas 24,4; Johannes 20,12). Nach dem Markus- und Lukasevangelium war Jesu Grab beim Besuch der Frauen schon geöffnet (Markus 16,4; Lukas 24,2), nach dem Matthäusevangelium erblickten die Frauen den Engel, der das Grab erst öffnete (Matthäus 28,2–5). Nach dem Johannesevangelium (20,1–10) sahen Petrus und der andere Jünger, die auf die Kunde der Frauen zum Grab geeilt waren, niemanden im Grab. Erst Maria von Magdala sah nach der Besichtigung durch die zwei Jünger die beiden Engel (Johannes 20,12).

Doch damit nicht genug!

Wie sollen wir es zum Beispiel verstehen, dass zwei Wanderer nach Emmaus, die ja offensichtlich zu Jesu Jüngern gehört hatten (Lukas 24,13–35), Jesus erst in dem Augenblick erkannten, als er mit ihnen das Brot brach? Hatte er sich denn äußerlich so sehr verändert? Wieso hatten aber dann die anderen Jünger keine Schwierigkeiten, den Auferstandenen zu erkennen, als er am Abend des ersten Wochentages in ihre Mitte trat und zu ihnen sagte: »Friede sei mit euch!« (Johannes 20,19) Andererseits – Maria Magdalena glaubte zuerst, dem Gärtner zu begegnen, als sie Jesus gegenüberstand. Und auch die Jünger, die mit dem Auferstandenen am See von Tiberias Mahl hielten, wagten nicht zu fragen: »Wer bist du?« (Johannes 21,12) Sah man es ihm denn nicht ganz selbstverständlich an? An seinen Wundmalen? An seinem Gesicht?

Worauf lassen wir uns ein, wenn wir aufgrund der neutestamentlichen Evangelien glauben: Der Tod war nicht Jesu Ende, denn der am Kreuz verstorbene Jesus wurde von Gott zu einem neuen Leben auferweckt?

Eine ermutigende Antwort finden wir im frühesten der vier Evangelien.

8.2 Den Frauen sei Dank!

Wenn wir das älteste Evangelium ernst nehmen, dann waren die Männer, Jesu Jünger, nach der Gefangennahme Jesu geflohen (Markus 14,50). Allein Petrus war seinem Herrn von weitem noch bis in den Hof des hohepriesterlichen Palastes gefolgt (Markus 14,54). Doch unter dem Kreuz zeigen sich uns nur noch Jesu Gegner, die Wachmannschaft sowie der römische Hauptmann (Markus 15,20b–39). Keine Spur von Jesu Jüngern! Johannes zeichnet später zwar ein tröstlicheres Bild (Johannes 19,25–27), doch die Realität war bitterer gewesen!

Anders die Frauen: »Auch einige Frauen sahen von weitem zu, darunter Maria aus Magdala, Maria, die Mutter von Jakobus dem Kleinen und Joses, sowie Salome; sie waren Jesus schon in Galiläa nachgefolgt und hatten ihm gedient. Noch viele andere Frauen waren dabei, die mit ihm nach Jerusalem hinaufgezogen waren.« (Markus 15,40f.) Und zwei von ihnen, »Maria aus Magdala und Maria, die Mutter des Joses, beobachteten, wohin der Leichnam gelegt wurde.« (Markus 15,47)

Hier könnte Jesu Geschichte abbrechen – und sie wäre wohl auch abgebrochen, wenn es allein auf die Männer angekommen wäre. Dass Jesu Leben und Jesu Botschaft nicht vergessen wurde, verdanken wir drei Frauen: »Als der Sabbat vorüber war, kauften Maria aus Magdala, Maria, die Mutter des Jakobus, und Salome wohlriechende Öle, um damit zum Grab zu gehen und Jesus zu salben.« (Markus 16,1) Wir projizieren kaum zu viel auf diese drei Frauen, wenn wir davon ausgehen, dass ein solches Tun – der gewiss nicht billige Kauf von wohlriechenden Ölen sowie der nächtliche Gang auf einen Friedhof, um einen bereits zwei Tage alten Leichnam zu salben – nur aus einer großen Liebe heraus geschehen konnte. Und eben darin liegt der Schlüssel für das Verständnis alles Folgenden.

Die Kraft, die diese Frauen erfüllte und bewegte, war ohne allen Zweifel die Liebe. Sie verband sie auch jetzt noch mit ihrem Meister, der von ihnen gegangen war, und sie weitete gewiss ihre Herzen über alle Grenzen dieser Welt hinaus – dorthin, wo sie ihn aufgehoben glaubten. Und in eben dieser Verfassung machten sie jene Erfahrung, die uns mehr und mehr aus den fälschlicherweise sogenannten »Nahtoderfahrungen« bekannt ist. Denn solche Erfahrungen hängen im Grunde mit der Fähigkeit des Menschen zusammen, »eine transzendente Wirklichkeit wahrzunehmen, die anders ist als das, was unser Organismus an Reizen aufnimmt. Dieses Vermögen scheint zum Wesen des Menschen zu gehören«[28].

Wenn wir diese Interpretation ernst nehmen, dann können wir mit guten Gründen davon ausgehen, dass die drei Frauen in ihrer äußersten, liebevollen Anspannung bei Jesu Grab, »als eben die Sonne aufging« (Markus 16,2), mit dieser jenseitigen, transzendenten Wirklichkeit in Berührung kamen, »die anders ist als das, was unser Organismus an Reizen aufnimmt«.

An diesem Punkt ist aber noch eine weitere Erkenntnis wichtig. »Was aber dann als transzendente Wirklichkeit erfahren wird, wie die Inhalte aussehen, das lernen wir von unseren Mitmenschen, von der Kultur und vom Leben selbst.«[29] Das heißt: Wir interpretieren jene erspürte transzendente Wirklichkeit mit Hilfe der Bilder, die wir bereits in uns tragen. Das war bei Maria Magdalena, bei Maria, der Mutter des Joses und bei Salome nicht anders. Und welches Bild hätte besser jene innere Sicherheit veranschaulichen können, die sie in diesem Moment erfüllte und in der sie auf einmal ohne alle Zweifel wussten, »Jesus, unser Meister lebt!« als das Bild eines himmlischen Boten, der ihnen verkündigte: »Ihr sucht Jesus von Nazaret, den Gekreuzigten. Er ist auferweckt worden; er ist nicht hier!« (Markus 16,6) Darüber im Kreis der übrigen Jünger und Jüngerinnen öffentlich zu sprechen war für diese drei Frauen aber zunächst ebenso unmöglich, wie es für viele Menschen in der Vergangenheit unmöglich war, von dem zu berichten, was sie im Moment ihres »Nahtoderlebnisses« erfahren hatten: »Da verließen sie das Grab und flohen; denn Schrecken und Entsetzen hatte sie gepackt. Und sie sagten niemand etwas davon; denn sie fürchteten sich.« (Markus 16,8)

8.3 Begegnungen, die sich nicht verschweigen lassen

Hätten die drei Frauen nun allerdings wirklich mit niemandem über ihr Erlebnis gesprochen, wäre es unverständlich, weshalb sie in den übrigen Evangelien dennoch als *erste Boten* der Auferweckung Jesu überliefert werden (Matthäus 28,8; Lukas 24,22f.; Johannes 20,17f.). Damit hatte sich aber die geistige Situation der übrigen Jünger entscheidend verändert: Von diesem Augenblick an war die *vorzeitige*[30], individuelle Auferweckung Jesu plötzlich denkbar und vorstellbar geworden. Dies erklärt, weshalb nun auch die übrigen Jünger und Jüngerinnen in den Momenten ihren auferweckten Herrn selbst hörten und sahen, in denen sie, dank der Botschaft der Frauen, bis zum Äußersten gespannt und offen mit jener unbeirrbaren Güte und siegreichen Liebe in Berührung kamen, in der nach Jesu Botschaft Gott in unserer Welt vorkommt und die Jesus, ihr Herr, für sie so überzeugend verkörperte – so beispielsweise, wenn ihnen ihre Bibel Jesu Leiden und Sterben in einem ganz neuen Licht zeigte (Lukas 24,25–27); wenn sie sich ganz plötzlich zuinnerst bei ihrem Namen gerufen fühlten (Johannes 20,16), oder wenn all ihre Vorbehalte und Zweifel in dem Augenblick zusammenbrachen, in dem ihnen Jesu Wunden fraglos Gottes Liebe und Vergebung vor Augen führten (Johannes 20,24–29).

Was Jesu Jüngerinnen und Jünger in solchen und ähnlichen Augenblicken erlebten, *mussten* sie *erzählen*. Es ist, als ob Peter Handke auch an die biblischen Ostergeschichten gedacht hätte, als er schrieb:

> »Das Erlebnis von Wahrheit bringt, im Versuch der Erzählung davon, von selbst die Erfindung hervor. Die äußeren Umstände des Erlebnisses verrücken dann notwendig, um die Wahrheit erst sinnenfällig zu machen, und rücken in der Erfindung neu zusammen. Die erfindende Erzählung ist also, habe ich nur das Erlebnis ›Wahrheit‹ gehabt, ein Ding der Selbstverständlichkeit. – Und wie weiß ich, dass ich Wahres erlebt habe? – Ich möchte unbedingt davon erzählen.«[31]

Nach all diesen Erfahrungen gab es für Jesu Jüngerschar keinen Zweifel mehr: Gott hatte ihren gekreuzigten Herrn von den Toten auferweckt. Er war zu ihm gestanden und hatte so ihn und seine Botschaft gerechtfertigt!

Doch weshalb erst jetzt, *nach* seinem bitteren Tod?

Teil III
Deutungen des Todes Jesu

9. Grundsätzliches

Auch wenn wir nicht weniger betroffen und ebenso ernsthaft wie Jesu Jünger und Jüngerinnen den Kreuzestod Jesu verstehen wollen, und wenn auch wir *als glaubende Menschen* wissen möchten (menschlich gesprochen), welche »Rolle« bei dem Ganzen *Gott* »gespielt« haben könnte, und weshalb er, der offensichtlich die Macht hatte, Jesus dem Tod zu entreißen, ihn nicht schon zuvor aus den Händen derer gerettet hatte, die ihm nach dem Leben trachteten – kurzum: wenn auch wir wissen möchten, weshalb Jesu Leben am Kreuz endete, dann können wir diese Frage aus einem doppelten Grund doch nicht in der gleichen Weise wie die ersten Christen angehen:

a) Wir können aus der Distanz von zwei Jahrtausenden den an Jesu Passion Beteiligten eher gerecht werden als diejenigen, die in Jesu Passionsgeschichte direkt eingebunden waren. Eine einfache Schwarz-Weiß-Zeichnung ist für uns heute nicht mehr möglich.

b) Wir können zum besseren Verständnis all der Vorgänge, die zu Jesu Verurteilung und Hinrichtung geführt hatten, auf die Erkenntnisse der modernen Geschichts- und Sozialwissenschaften und der Psychologie zurückgreifen. Für Jesu Jünger und Jüngerinnen hingegen gab es nur *eine* vertrauenswürdige Instanz, von der sie eine Antwort erhoffen konnten, wenn sie Jesu Kreuzigung verstehen wollten: ihre Heilige Schrift, unser sogenanntes Altes Testament.

Freilich, sie alle lasen und hörten ihre Bibel mit ihren je eigenen Erfahrungen, mit ihren ganz persönlichen Fragen und bereits entdeckten Antworten. Deshalb war es nur natürlich, dass die ersten Christen Gottes Handeln bei Jesu Sterben und Auferweckung im Gespräch mit ihrer Bibel doch in unterschiedlicher Weise sahen und deuteten. Daher sollte es uns nicht überraschen, wenn wir feststellen müssen, dass wir heute nicht Weniges in Jesu Passion noch einmal anders sehen und verstehen als die Menschen, die in den Schriften des Neuen Testaments zu Wort kommen; denn bereits sie verstanden Jesu Tod in sehr unterschiedlicher Weise.

Es gibt also keinen Grund, der es uns verbieten könnte, mit unserem heutigen Wissen das Leiden und Sterben Jesu von Nazaret noch einmal zur Debatte zu stellen.[32]

10. Die Kreuzestheologie des Apostels Paulus

Der christliche Glaube wäre nicht derart auf den Kreuzestod Jesu fixiert, hätte er sich unabhängig von der Kreuzestheologie des Apostels Paulus entwickeln können. Diese aber war zunächst einmal »nur« die theologische Lösung eines *ganz persönlichen Problems*, das sich *für Paulus* durch die von Jesu Jüngern verkündete Auferweckung des gekreuzigten Jesus ergeben hatte. Denn wenn er seine Bibel, die Grundlage seines Glaubens, ernst nahm, war der gekreuzigte Jesus von Gott *verflucht* worden, hieß es doch im Gesetz des Mose: »Verflucht ist jeder, der am Pfahl hängt« (Deuteronomium / 5 Mose 21,23, von Paulus selbst in seinem Galaterbrief 3,13 zustimmend zitiert). Wie konnte der »am Pfahl hängende« und damit verfluchte Jesus dann aber von Gott auferweckt worden sein?

Eine derartige Verkündigung stand (in den Augen des Paulus) eindeutig im Widerspruch zu Israels Heiliger Schrift und konnte deshalb als Irrlehre nur bekämpft, verfolgt und mit dem Tod bestraft werden – so wie er es ja auch bei der Steinigung des Stephanus bejaht hatte:

»Da [nach der Rede des Stephanus] erhoben sie ein lautes Geschrei, hielten sich die Ohren zu, stürmten gemeinsam auf ihn los, trieben ihn zur Stadt hinaus und steinigten ihn. Die Zeugen legten ihre Kleider zu Füßen eines jungen Mannes nieder, der Saulus[-Paulus] hieß. ... Saulus[-Paulus] aber war mit dem Mord einverstanden« (Apostelgeschichte 7,57f.; 8,1a).

Bald darauf sah Paulus freilich die Botschaft von Jesu Auferweckung in einem ganz neuen Licht.
Wie war es dazu gekommen?

Diese so ganz andere Sicht lässt sich auch bei Paulus nur im Zusammenhang mit seinem Gottesbild verstehen.

10.1 Das Gottesbild des Paulus

Paulus hatte nicht das Glück, wie Jesus in Palästina als Jude unter Juden heranwachsen zu können. Seine Familie gehörte zu dem weitaus größeren Teil des jüdischen Volkes, der zur Zeit Jesu über alle Länder hinweg in der Diaspora lebte.[33]
Gewiss, die meisten jüdischen Familien lebten in den einzelnen Städten der Diaspora aus religiösen Gründen in eigenen, getrennten Vierteln zusammen; denn wenn sie ihrem Glauben treu bleiben, das heißt nach den Vorschriften des mosaischen Gesetzes leben wollten, waren sie auf die Gemeinschaft ihrer Brüder

und Schwestern angewiesen. Nur wenn sie *zusammen* lebten, konnten sie beispielsweise die Ruhe am Sabbat und an den übrigen Festtagen beachten; nur dann war es möglich, *eigene* Gebetsstätten zu errichten, in denen sie sich ungestört versammeln konnten, und nur dann hatten sie auch keine Schwierigkeiten, dort Lebensmittel (z. B. Fleisch) zu kaufen, wo sie wussten, dass sie zuverlässig nach den Vorschriften des Gesetzes zubereitet worden waren. Aber es war nicht leicht, in einer solchen Distanz zu den übrigen Zeitgenossen zu leben – weder im privaten Leben (man konnte an keinen »heidnischen« Mahlzeiten teilnehmen, zu denen man eingeladen wurde) noch in der Geschäftswelt mit ihren weltlichen Gesetzen. Dazu kam die aus dem Umgang mit den »Heiden« gewonnene Erkenntnis, dass man auch anständig und erfolgreich leben konnte, wenn man sich nicht am Gesetz des Mose orientierte.

In dieser »heidnischen« Welt, in der vernünftigerweise unterschiedliche Verhaltensweisen möglich und begründbar waren, wurde für den »orthodoxen« Juden nun ein ganz neuer Begriff wichtig – ein Begriff, der in Israels Heiliger Schrift (und damit auch im jüdischen Denken) bis dahin gefehlt hatte: der Begriff des *Gehorsams*[34]!

Nicht zufällig forderte Jesus weder seine Jünger und Jüngerinnen noch seine übrigen Zuhörer irgendwann einmal zum Gehorsam auf, während Paulus an 15 wichtigen Stellen in seinen Briefen auf den Gott geschuldeten Gehorsam zu sprechen kommt. Ein gutes Beispiel hierfür finden wir einerseits am Beginn des ältesten Evangeliums, wenn Jesus die Menschen auffordert: »Kehrt um und *vertraut auf die frohe Botschaft*!« (Markus 1,15)[35], und andererseits am Beginn des wichtigsten Briefs des Apostel Paulus, an dem Paulus von sich sagt: »Durch ihn [Gott] haben wir Gnade und Apostelamt empfangen, um in seinem

Namen alle Heiden *zum Gehorsam des Glaubens* zu führen.« (Römer 1,5) Jesus warb um Vertrauen, Paulus erwartete Gehorsam.

Die Vorstellung, Gott verlange vom Menschen Gehorsam, hatte im Denken des Paulus nun aber auch noch einen zweiten tiefgreifenden Unterschied zu Jesus zur Folge: Für Paulus war es klar, dass Gott *mit Zorn* auf jede Missachtung seiner Gebote reagiert. Diese Überzeugung prägte das Gottesbild des Paulus bis zuletzt. Deshalb erwartete er mit den Christen und Christinnen in Thessaloniki Gottes Sohn vom Himmel her, »Jesus, den er von den Toten auferweckt hat und der uns dem kommenden *Zorn Gottes* entreißt.« (1 Thessalonicher 1,10) Und deshalb konnte Paulus in seinem Römerbrief die staatliche Gewalt so positiv sehen: »Gottes Dienerin ist sie für dich zum Guten. Wenn du aber das Böse tust, fürchte dich! Nicht umsonst nämlich trägt sie das Schwert. Gottes Dienerin nämlich ist sie als Rächerin zum *Zorngericht* für den, der das Böse tut.« (Römer 13,4)[36] Der Kreuzestod Jesu hatte in den Augen des Paulus keineswegs Gottes Zorn beendet. Gott zürnt (nach Paulus) auch heute und morgen den Sündern.

Wir kommen nicht daran vorbei: Jesu Verkündigung hatte auf das Gottesbild des Paulus keinen Einfluss. Obgleich Jesus nicht müde geworden war, Gott als den barmherzigen Vater (Lukas 15,11–32), den guten Hirten (Lukas 15,3–7), den großmütigen Gutsbesitzer (Matthäus 20,1–16) oder gar als den Bräutigam seines Volkes Israel (Markus 2,19f.) nahezubringen, der nur eines erhoffte: dass sein Volk ihn höre (Markus 4,9), gab es für Paulus nicht den geringsten Zweifel an Gottes bleibendem Zorn.

Nur wenn wir diese Differenz zwischen Jesu Gottesbild und dem Gottesbild des Paulus ernst nehmen, erschließt sich uns die Eigenart der paulinischen Theologie wirklich.

10.2 Das Evangelium des Paulus: Der Schutzmantelchristus

Die Botschaft, Gott habe den gekreuzigten – und so von Gott verfluchten – Jesus von den Toten auferweckt, ließ Paulus nicht ruhen. Deshalb wütete er auch nach der Steinigung des Stephanus »mit Drohung und Mord gegen die Jünger des Herrn. Er ging zum Hohenpriester und erbat sich von ihm Briefe an die Synagoge von Damaskus, um die Anhänger des (neuen) Weges, Männer und Frauen, die er dort finde, zu fesseln und nach Jerusalem zu bringen.« (Apostelgeschichte 9,1f.) Doch dazu kam es nicht mehr; denn plötzlich sah Paulus die Botschaft der Jünger und Jüngerinnen Jesu von der Auferweckung ihres Herrn in einem ganz neuen Licht.
Was war geschehen?

Paulus beschreibt jenes Ereignis, das in seinem Leben die große Wende brachte, so: »Gott, der sprach: ›Aus Finsternis soll Licht aufleuchten!‹, er ist in unserem Herzen aufgeleuchtet, damit wir erleuchtet werden zur Erkenntnis des göttlichen Glanzes auf dem Antlitz Christi.« (2 Korinther 4,6) Was hatte wohl den »göttlichen Glanz auf dem Antlitz Christi« ausgemacht?
Wenn wir alle Briefe des Apostels Paulus daraufhin befragen, lässt sich die *neue* Sicht des Paulus so erklären:

a) Der Gekreuzigte *bleibt* der Verfluchte. Daran änderte sich für Paulus zu keiner Zeit etwas. Doch plötzlich – im Licht jenes auf Gott zurückgeführten Evidenzerlebnisses, als Gott in seinem Herzen aufleuchtete – sah Paulus im Kreuzestod das alles entscheidende Heilsereignis; denn dieser Tod war in seinen Augen die Folge davon, dass Christus nach Gottes Willen als der gottgewollte Stellvertreter aller Menschen *den* Fluch auf sich genommen hatte, der eigentlich uns Sündern – Juden wie Heiden – drohte und der uns vernichtet hätte, hätte er uns getroffen. So schrieb Paulus später in seinem Brief an die Christen in Galatien: »Christus hat uns vom Fluch des Gesetzes freigekauft, indem er für uns zum Fluch geworden ist; denn es steht in der Schrift: ›Verflucht ist jeder, der am Pfahl hängt‹.« (Galater 3,13) Und Christus war dadurch zu *Gottes* Werkzeug geworden: »Er (Gott) hat den, der keine Sünde kannte, für uns zur Sünde gemacht.« (2 Korinther 5,21) Das heißt:

Weil Paulus – als einziger unter den urchristlichen Theologen – die Kreuzigung Jesu mit der Bibelstelle Deuteronomium / 5 Mose 21,23 – »Verflucht ist jeder, der am Pfahl hängt!« – in Verbindung gebracht hatte, wurde *das Kreuz* zum Zentrum seines Evangeliums und seiner Theologie. Infolgedessen gab es für Paulus auch keinen Grund, sich für das Leben, die Botschaft und das Wirken des irdischen Jesus von Nazaret zu interessieren. Selbst wenn Jesus nur am Kreuz gestorben wäre, würde sich an der Theologie des Apostels Paulus nicht das Geringste ändern!

b) Dem Kreuzestod Jesu konnte in den Augen des Paulus deshalb eine derart umfassende und singuläre Bedeutung zukommen, weil Jesus nach seiner Überzeugung eben kein bloßer Mensch, sondern Gottes sündenloser Sohn gewesen und geblieben war, so wie es der Hymnus pries, den er in seinen Brief an die Christen in Philippi aufgenommen hatte:

> »Er [Christus Jesus] war Gott gleich, hielt aber nicht daran fest, wie Gott zu sein, sondern er entäußerte sich und wurde wie ein Sklave und den Menschen gleich. Sein Leben war das

eines Menschen; er erniedrigte sich und war gehorsam bis zum Tod am Kreuz.« (Philipper 2,6–8)

Doch weshalb konnte Jesus dann überhaupt am Kreuz getötet werden, da (nach damaligem biblischem Verständnis) der Stachel des Todes ja *die Sünde* war?[37] Die Lösung dieses Problems mag uns überraschen und dürfte für uns heute kaum noch nachvollziehbar sein, für Paulus war sie jedoch ein Werk der göttlichen Weisheit. Denn für Paulus war Jesus nicht infolge irgendwelcher persönlichen Vergehen getötet worden, sondern durch »die Herrscher dieses Äons«, die (in den Augen des Paulus und seiner Zeitgenossen) zwischen Erde und Himmel ein eigenes Reich bildeten. Diese Archonten, diese Herrscher hatten nämlich im Verständnis des Paulus (!) nicht erkannt, dass der sündenlose Christus Jesus in seinem *von ihnen verursachten* unverschuldeten Tod stellvertretend den Fluch Gottes auf sich nehmen konnte, der alle Menschen – Juden wie Heiden – infolge ihrer Vergehen getroffen und vernichtet hätte. Dies meinte Paulus, als er den Christen in Korinth schrieb:

> »Wir verkündigen Gottes Weisheit im Geheimnis, die verborgen ist, die Gott vorherbestimmt hat vor allen Zeiten zu unserer Verherrlichung, die keiner von den Herrschern dieses Äons erkannt hat. Denn wenn sie sie erkannt hätten, hätten sie den Herrn der Herrlichkeit nicht gekreuzigt« (1 Korinther 2,7f.)[38].

Das heißt: Jesu Kreuzigung war für Paulus ein von Gott seit Urzeiten vorherbestimmtes und von den unwissenden und nichts ahnenden überirdischen Mächten ausgeführtes Heilsereignis zur Erlösung der Menschen.

So wurde für Paulus gerade Jesu Tod am Kreuz – dessentwegen er zuerst die Christen verfolgt hatte! – verständlich, sinnvoll und wertvoll.

10.3 Logisch – aber auch theologisch?

Es gibt keinen anderen theologischen Entwurf innerhalb des Neuen Testaments, der in sich so stringent aufgebaut ist wie die Kreuzestheologie des Apostels Paulus; denn für Paulus ergab sich bei seiner Interpretation des Kreuzestodes Jesu das eine logisch aus dem anderen:

a) Der Ausgangspunkt des Paulus war die Gewissheit: Gottes Zorn gilt allen, die durch ihr Fehlverhalten und ihre Vergehen die Wahrheit Gottes in dieser Welt niederhalten und verdunkeln (Römer 1,18).

b) Niemand wird von diesem göttlichen Zorngericht ausgenommen, da alle Menschen Sünder sind (Römer 3,10ff.20).

c) So steuert die Geschichte der Menschheit unaufhaltsam auf das göttliche Zorngericht zu (1 Thessalonicher 1,10). In dieser ausweglosen Situation kann nur Gott selbst noch Rettung schaffen.

d) Eben dies hatte Gott getan – im Gekreuzigten: Weil er den Fluch auf sich nahm, der uns vernichtet hätte, bietet Gott uns *im gekreuzigten Christus* die Möglichkeit der Rettung an (Galater 3,13). Wir müssen nur bereit sein, die rettende Hand zu ergreifen, die Gott uns im gekreuzigten Christus anbietet, der ja nicht im Tod geblieben ist, sondern von Gott zu einem *neuen* Leben erweckt und damit für uns zum Ort eines *neuen* Lebens gemacht wurde. Wer deshalb bereit ist, *durch die Taufe* in dem auferweckten gekreuzigten Christus eine neue Lebensgrundlage und einen neuen Lebensraum zu gewinnen (Römer 6,3f.), muss Gottes Zorn nicht länger fürchten.

Dieser »Sachverhalt« macht die frohe Botschaft, das Evangelium des Paulus aus, das zu verkünden er nicht müde wurde.[39] Und so steht und fällt die ganze paulinische Theologie mit der paulinischen Interpretation des *Kreuzestodes* Jesu Christi. Nur durch ihn und nicht durch das vorangegangene Leben des Jesus von Nazaret bietet Gott (in den Augen des Paulus) uns Menschen seinen Frieden und sein Heil an.

Doch können wir wirklich auch noch heute jenes Argument, mit dem im 5. Jahrhundert v. Chr. die Vorschrift begründet wurde, einen zum Tode verurteilten und nach der Tötung zur Abschreckung am Pfahl aufgehängten Verbrecher noch am gleichen Tag zu begraben, um das Land nicht zu verunreinigen – können wir dieses Argument auch heute noch als Schlüssel für ein tieferes theologisches Verständnis des Kreuzestodes Jesu gebrauchen? Falls dies aber vernünftigerweise nicht mehr möglich ist, wäre es dann nicht endlich an der Zeit, den Kreuzestod Jesu neu zu sehen und neu zu bewerten? Schließlich sahen und verstanden schon die ersten Christen Jesu Kreuzigung auch ganz anders als Paulus.

11. Die missverstandene Sühne

Wir kennen sie wohl alle aus dem Fernsehen: die Schar der Neugierigen, die am letzten Tag des Prozesses noch einmal in den Gerichtssaal drängen, um das Urteil zu hören, wie der Angeklagte sein Verbrechen sühnen, büßen muss. Die Strafe als Sühne, als Buße.
Mit diesem Verständnis der Sühne lesen und hören viele Christen auch die Texte im Neuen Testament, in denen davon die Rede ist, dass der gekreuzigte Jesus zur Sühne für unsere Sünden gestorben sei – beispielsweise im Brief des Apostels Paulus an die Christen in Rom. Darin schreibt Paulus im Blick auf den gekreuzigten Christus: »Ihn hat Gott dazu bestimmt, Sühne zu leisten mit seinem Blut, Sühne, wirksam durch Glauben.« (Römer 3,25 nach der *Einheitsübersetzung*) Gleiches lesen wir im ersten Brief des Johannes an seine Gemeinden:

> »Meine Kinder, ich schreibe euch dies, damit ihr nicht sündigt. Wenn aber einer sündigt, haben wir einen Beistand

beim Vater: Jesus Christus, den Gerechten. Er ist die Sühne für unsere Sünden, aber nicht nur für unsere Sünden, sondern auch für die der ganzen Welt.« Und etwas später: »Nicht darin besteht die Liebe, dass wir Gott geliebt haben, sondern dass er uns geliebt und seinen Sohn als Sühne für unsere Sünden gesandt hat.« (1 Johannes 2,1f.; 4,10)

In unserer Sprache ausgedrückt heißt dies für viele Christen: Jesus hat in seinem Tod die Strafe auf sich genommen, zu der eigentlich wir Menschen aufgrund unserer Sünden verurteilt worden wären. Es war der gekreuzigte Jesus, der in seiner Passion für unsere Sünden gebüßt hatte. Doch die ersten Christen meinten etwas ganz anderes; denn für sie hatten die Wörter »sühnen« und Sühne« eigentlich den gegenteiligen Sinn.

11.1 Was wir als Erstes begreifen sollten

Auch wenn wir es zunächst kaum glauben mögen: Das Alte Testament – also das Glaubenszeugnis des Volkes Israel, das auch zum Fundament unseres christlichen Glaubens gehört – »Das Alte Testament besitzt *kein einziges Wort für Strafe*. ... Noch unbefriedigender ist der Versuch, für das Verb ›strafen‹ eine Übersetzung zu finden.«[40]
Weshalb ist das so?

Dass wir uns bei dieser Frage nicht unnötig auf zwei *bei uns* eben geläufige Wörter fixieren, leuchtet rasch ein, wenn wir uns bewusst machen, in welchem Zusammenhang wir diese beiden Wörter denken und gebrauchen. *Strafe* und *strafen* verwenden wir *im eigentlichen Sinn* nur, um die Reaktion einer übergeordneten

Autorität zu bezeichnen (und wären es »nur« die Eltern!). Gäbe es diese Autorität nicht, müsste man keine Strafe fürchten!
Doch eben so dachten die Menschen in Israel nicht, auch wenn es uns unsere Bibelübersetzungen schwer machen, diesen Unterschied zu erkennen. Denn wenn wir uns an ihnen orientieren, *müssen* wir glauben, man habe in Israel an diesem Punkt genau so gedacht und gesprochen. Doch dieser wohl unausrottbare Eindruck täuscht.

Einige Beispiele:

An vielen Stellen, an denen in unseren Übersetzungen das Wort »straffrei, ungestraft lassen« steht, wird im Hebräischen ein Wort verwendet, das bedeutet: »die Haftung für einen als Schuld gewerteten Tatbestand für aufgelöst erklären; jemand so davonkommen lassen, dass er die Folgen seines verkehrten Tuns nicht auf sich nehmen muss«. Wo wir also etwa lesen: »Du sollst den Namen des Herrn, deines Gottes, nicht missbrauchen, denn der Herr lässt den nicht ungestraft, der seinen Namen missbraucht« (Exodus / 2 Mose 20,7; Deuteronomium / 5 Mose 5,11), heißt es genau genommen: »Du sollst den Namen des Herrn, deines Gottes, nicht missbrauchen; denn der Herr lässt den nicht folgenlos davonkommen, der seinen Namen missbraucht.«

Nicht anders ist es, wenn wir in unseren Übersetzungen lesen: »Jahwe [oder: der Herr] ist ein barmherziger und gnädiger Gott, langmütig, reich an Huld und Treue. Er bewahrt Tausenden Huld, nimmt Schuld, Frevel und Sünde weg, lässt aber [den Sünder] nicht ungestraft.« (Exodus / 2 Mose 34,6f.; vgl. Numeri / 4 Mose 14,18). Auch hier müsste es genau genommen heißen: »Der Herr ist ein barmherziger und gnädiger Gott ... –, aber *gewiss entlässt er nicht aus der Haftung* ...«.

Kein anderes Bild zeigt sich, wenn man sich den Bestimmungen zuwendet, die die innerweltlichen Folgen regelten, die sich für einen Israeliten ergaben, wenn aus seinem Verhalten Schaden entstand. So bestimmt Exodus / 2 Mose 21,28 eben nicht: »Wenn ein Rind einen Mann oder eine Frau so stößt, dass der Betreffende stirbt, dann muss man das Rind steinigen und sein Fleisch darf man nicht essen, der Eigentümer des Rinds aber bleibt straffrei«. Vielmehr wird auch hier festgestellt: »… der Eigentümer des Rinds aber kommt so davon, dass er die Folgen nicht auf sich nehmen muss«!

Aber auch an allen anderen Stellen, an denen wir in unseren Übersetzungen auf die Wörter strafen, Strafe, Strafgericht o. ä. stoßen, ist im Urtext jeweils von anderem die Rede – etwa von Gottes Zurechtweisung, Gericht oder Züchtigung, oder einfach davon, dass derjenige, der sich ein bestimmtes Vergehen zuschulden kommen ließ, unbedingt getötet werden muss.

Das heißt: Wo in unseren Übersetzungen vom Strafen oder von Strafen die Rede ist, geht es im Hebräischen lediglich um *die Folgen* eines bestimmten Tuns. Weshalb dies so war, wird noch verständlicher, wenn wir bedenken, dass das Hebräische – im deutlichen Unterschied zum Griechischen des Neuen Testaments – auch den abstrakten Begriff »sündigen / Sünde« nicht kennt. Statt dessen verwendeten die Menschen in Israel Wörter, die das menschliche Tun nicht einfach nur als (von Gott) *verboten* und deshalb als *gottwidrig* (dis-)qualifizierten, sondern vor allem dessen *negative Folgen* erkennen ließen, nämlich: *ver-fehlen / Ver-fehlung; beugen, krümmen, ver-kehren / Ver-kehrung, Ver-kehrtheit; brechen mit / Ver-brechen, (Rechts-)Bruch*. Weil die so bezeichneten Verhaltensweisen für den Täter und/oder für seine Mitmenschen *von selbst* heillose Folgen nach sich zogen, handelte es sich bei ihnen um Un-taten, die gar keiner besonderen »Strafe« bedurften. Oder anders ausgedrückt: Die Menschen im biblischen Israel wurden nicht auf diese Weise gelehrt, bestimmte Dinge zu tun oder zu unterlassen, dass man ihnen mitteilte, mit welchen Strafen sie im Fall ihres Ungehorsams zu rechnen hätten, sondern man gebot ihnen, dieses und jenes zu tun oder zu unterlassen, indem man sie auf die unvermeidlichen heillosen Folgen hinwies, die sich andernfalls aus ihrem Tun zwangsläufig ergäben.

Weil kein verkehrtes Tun folgenlos bleibt, wusste beispielsweise Kain, dass er seine Untat, durch die er an Abel schuldig geworden war, nicht würde tragen können – weshalb unsere Übersetzungen bei ihrer Wiedergabe von Kains Antwort an Gott (Genesis / 1 Mose 4,13) auch auffällig schwanken:

»Meine *Strafe* ist zu schwer, als dass ich sie tragen könnte.« (Luther-Bibel)

»Zu groß ist meine *Schuld*, als dass ich sie tragen könnte.« (Einheitsübersetzung)

»Meine *Strafe* ist größer, als dass ich sie tragen könnte.« (Zwingli-Bibel)

»Allzu groß zum Tragen ist meine *Schuld*.« (Martin Buber)

»Größer [ist] meine *Verkehrtheit* als zu tragen.« (wörtlich)

Wenn einem Menschen, der sich vergangen, der mit einem anderen gebrochen oder etwas Verkehrtes begangen hatte, danach auch selbst Unheil widerfuhr, dann war dies für Israel keine Strafe, sondern nur die selbstverständliche, zwangsläufige Folge des eigenen vorangegangenen Fehlverhaltens.

Und welche Rolle spielte Gott bei alledem?

Er achtete »nur« darauf, dass die Übeltäter sich nicht einfach den Folgen ihrer Taten entziehen konnten, weshalb die oben erwähnte Selbstvorstellung Gottes vollständig so lautet:

»Jahwe ist ein barmherziger und gnädiger Gott, langmütig und groß an Güte und Treue, indem er Güte den Tausenden bewahrt [und] indem er Vergehen, Verbrechen und Verfehlung trägt. Aber gewiss entlässt er nicht aus der Haftung, indem er sich um das Vergehen (der) Väter kümmert (das) auf den Söhnen und Enkeln und auf der dritten und vierten Generation (lastet).« (Exodus / 2 Mose 34,6f.)

Freilich, von keinem Menschen wurde erwartet, dass er sich mit den »bösen« Folgen seines Tuns einfach abfinde. Wer noch Zeit und Glück hatte, konnte versuchen, sein Vergehen wiedergutzumachen, *zu sühnen*; denn dies war es, was *das Wesen der Sühne* ausmachte.

11.2 Die Sühne im zwischenmenschlichen Bereich

In allen Fällen ging es in Israel bei der Sühne um das Gleiche[41]: Wer schuldig geworden war, bot dem, den er – im weitesten Sinn – verletzt hatte, eine *Gabe* an, damit dieser darauf verzichtete, sich zu Recht (!) zu revanchieren. Dabei war es letztlich gleichgültig, aus welchem Motiv der schuldig Gewordene dem anderen seine Gabe anbot.

Er konnte es aus eigenem Antrieb und in der bloßen Hoffnung tun, die »Stimmung« des anderen würde sich ihm gegenüber beruhigen und aufhellen. So schickte beispielsweise Jakob am Tag, bevor er seinem Bruder Esau wieder unter die Augen treten wollte, diesem eine Vielzahl von Geschenken entgegen, indem er sagte: »Ich will ihn mit der geschenkten Herde, die vor mir herzieht, beschwichtigen [wörtlich: Ich will sein Angesicht *sühnen* mit dem Geschenk, das vor mir herzieht] und ihm dann erst

unter die Augen treten. Vielleicht nimmt er mich freundlich auf.« (Genesis / 1 Mose 32,21)
Natürlich wusste man auch in Israel, dass der andere sich durch eine solche »Sühnegabe« keineswegs immer umstimmen ließ. So warnte der Weisheitslehrer beispielsweise seinen Schüler vor einem möglichen Ehebruch mit den Worten: »Wer Ehebruch treibt, ist ohne Verstand, nur wer sich selbst vernichten will, lässt sich darauf ein. Schläge und Schande bringt es ihm ein, unaustilgbar ist seine Schmach. Denn Eifersucht bringt den Ehemann in Wut, er kennt keine Schonung am Tag der Rache. *Kein Sühnegeld nimmt er an*; magst du auch Geschenke häufen, er willigt nicht ein.« (Sprüche 6,32–35)
Anders war es, wenn die »Sühnegabe« deshalb geleistet wurde, weil sich der Betroffene *von sich aus* unter einer bestimmten *Bedingung* bereit erklärte, auf Vergeltung zu verzichten – so beispielsweise in einem alten israelitischen Gesetz, nach welchem ursprünglich der Besitzer eines Stiers getötet werden musste, falls sein Stier einen anderen Menschen töten konnte, obgleich er von der Gefährlichkeit des Stiers wusste. In diesem Fall galt ursprünglich: »Hat ein Rind aber schon früher gestoßen und war sein Besitzer gewarnt, hat er es aber nicht bewacht, so dass es einen Mann oder eine Frau tötete, soll das Rind gesteinigt und auch sein Besitzer getötet werden.« (Exodus / 2 Mose 21,29) Der Besitzer des Stiers haftete mit seinem Leben für das Leben anderer. Im Lauf der Zeit änderte sich freilich diese Einstellung; denn ein stößiges Rind blieb bei aller Aufsicht lebensgefährlich, und was hatte eine geschädigte Familie, die u. U. ihren Ernährer verloren hatte, schon vom Tod jenes anderen? Und so ergänzte man das alte Recht durch folgende Bestimmung: »Will man ihm [dem Besitzer des stößigen Rinds] aber eine Sühne auferlegen, soll er

als Lösegeld für sein Leben so viel geben, wie man von ihm fordert.« (Exodus / 2 Mose 21,30)

Am *Wesen der Sühne* änderte sich damit allerdings nichts – gleichgültig, ob sie aus eigenem Antrieb oder aufgrund einer gegebenen Bestimmung geleistet wurde: Die Sühne war die persönliche Leistung dessen, der durch sein Vergehen die bestehende Ordnung verletzt hatte, und sie hatte nur *ein* Ziel: Durch den Einsatz des schuldig Gewordenen die gestörte Beziehung wiedergutzumachen, sodass das vorgegebene gemeinsame Leben in der Zukunft positiv weitergehen konnte. Das heißt, die Sühne war keine Strafe, keine Buße, sondern der Beitrag dessen, der sich vergangen hatte, um so die von ihm verletzte Weltordnung wiederherzustellen.

11.3 Die Sühne in der Beziehung Mensch – Gott

Es dürfte kaum überraschen, dass die durch Sühneleistung bewährte »Schuldregelung« von den Menschen in Israel auch auf ihre Gottesbeziehung übertragen wurde; denn schließlich erlebte man immer wieder, dass man auch im »religiösen Bereich« nicht immer in kurzer Zeit unter den negativen Folgen seines Vergehens zu leiden hatte. Offensichtlich schenkte Gott dem schuldig gewordenen Menschen Zeit, in der er versuchen konnte, durch seinen eigenen Einsatz sein Verhältnis zu Gott wieder in Ordnung zu bringen.

Es war vor allem die Priesterschaft, die die Menschen in Israel deshalb in den »sühnenden Umgang« mit Gott einübte und die Menschen überzeugte: Gott wird die gegen ihn gerichteten Vergehen vergeben – *vorausgesetzt*, der Schuldige ist bereit, sich einem bestimmten kultischen Akt zu unterziehen, in welchem er seine erneute Zuwendung zu Gott und seine weitere Bindung an Gott dokumentierte – etwa so:

> »Ist es irgendjemand aus dem Volk, der sich unwissentlich versündigt, indem er etwas tut, das Jahwe verboten hat, und so Schuld auf sich lädt – oder es wird ihm eine Verfehlung, die er begangen hat, bekannt –, dann bringe er als seine Gabe eine fehlerlose weibliche Ziege wegen des Vergehens, das er begangen hat. Er lege seine Hand auf den Kopf des Sündopfers [Martin Buber: der Entsündung] und schlachte es, wo man Brandopfer bringt [Martin Buber: an dem Ort der Hochgabe]. Dann nehme der Priester mit dem Finger etwas vom Blut (des Tieres) und streiche es an die Hörner des Brandopferaltars [Martin Buber: an die Hörner der Hochgabenstatt]. Alles übrige Blut schütte er an den Sockel des Altars.« (Leviticus / 3 Mose 4,27–30[42])

Der Sinn dieses Gesetzes erschließt sich uns, wenn wir uns daran erinnern: *Jede* Tat hat ihre positive oder negative Konsequenz, ganz unabhängig davon, ob diese bedacht und gewollt war, ob man sich ihrer bewusst ist oder ob man sie inzwischen vergessen hat. Deshalb hatten in den Augen der Israeliten auch jene Vergehen gegen Gott negative Auswirkungen auf das Leben des einzelnen Israeliten mit Gott, die ohne Vorsatz begangen worden waren oder die dem Täter nicht mehr bewusst waren. Ein jedes Vergehen störte also auch die *Gottesbeziehung*. Gab es eine Möglichkeit, diese Störung und Belastung wieder in Ordnung zu bringen?
Ja! Und genau davon handelt das oben zitierte Gesetz Leviticus / 3 Mose 4,27–30: Der schuldig Gewordene musste ein unschuldiges, reines (das heißt: gottgefälliges) Tier in den Tempel vor Gott

bringen. Mit ihm musste sich der Schuldige dann dadurch identifizieren, dass er seine Hand auf den Kopf des Tieres legte, sodass das Leben des Tieres, das Blut des Tieres, von nun an auch als *sein* Leben, als *sein* Blut, galt; denn »die Lebenskraft des Fleisches sitzt / ist im Blut.« (Leviticus / 3 Mose 17,11)

Hier droht nun allerdings ein verhängnisvolles Missverständnis: Wenn das Tier daraufhin geschlachtet wurde, dann war dies kein Opfer! Der Sinn der Schlachtung war vielmehr, dass mit dem damit frei gewordenen Blut, in dem »die Lebenskraft des Fleisches war«, ein sichtbares Zeichen gesetzt werden konnte: Indem der Priester mit seinem Finger etwas von dem frei gewordenen Blut an die Hörner des Brandopferaltars tat und den Rest des Blutes am Sockel des Altars ausgoss, dokumentierte der Priester mit Hilfe des Blutes – das ja nun auch als das Blut dessen galt, der seine Hand auf den Kopf des Tieres gelegt hatte! – die erneute vollkommene Hingabe des Sünders an Gott, womit dieser sein Vergehen und damit auch seine gestörte Gottesbeziehung wieder in Ordnung brachte. Das heißt: Das getötete Tier war nicht Gott geopfert worden, vielmehr war es Gott selbst gewesen, der das Tier mittels des Gesetzes in die Hände des Menschen gegeben hatte, damit dieser eine reale Möglichkeit habe, seine erneute Hingabe an Gott zu dokumentieren. Offensichtlich konnte vergossenes Blut Sühne und Vergebung bewirken, wenn es zum Ausdruck der Lebenshingabe wurde.

Wie aber waren die ersten Christen wohl dazu gekommen, dem Blut, das Jesus am Kreuz vergossen hatte, eine solch sühnende Kraft zuzuschreiben?
Wir können es uns vielleicht so denken:

12. »Durch seine Wunden sind wir geheilt!«

Jesus war nicht der Erste in Israels Geschichte, der bitter zu leiden hatte und sterben musste, obgleich er, ja weil er sich ganz in den Dienst Gottes gestellt hatte. Deshalb waren Jesu Jünger und Jüngerinnen auch nicht die Ersten, die sich fragten, wie so etwas – bei Gott! – möglich war. Schon seit Jahrhunderten spielte diese Frage in Israels Heiliger Schrift eine wichtige Rolle.

So war es für Jesu Jünger und Jüngerinnen selbstverständlich, auch unabhängig von der Theologie des Apostels Paulus in ihrer Bibel nach einer möglichen Erklärung für Jesu Passion zu suchen. Und sie wurden fündig – im Buch des Propheten Jesaja. Bereits da war die Rede von einem, an dem Gott in besonderer Weise Gefallen gefunden hatte und der von sich sagen konnte:

> »Der Herr hat mich schon im Mutterleib berufen; als ich noch im Schoß meiner Mutter war, hat er meinen Namen genannt.

Antwort

VERLAGSGRUPPE PATMOS

Senefelderstraße 12
D-73760 Ostfildern

Liebe Leserin, lieber Leser,

gerne informieren wir Sie künftig über unsere Neuerscheinungen. Teilen Sie uns mit, für welche Themen Sie sich interessieren und schicken einfach diese Karte zurück.
Wenn Sie außerdem unsere Fragen auf der Rückseite beantworten, helfen Sie uns, zukünftig genau die Bücher zu machen, die SIE interessieren!

Gerne revanchieren wir uns für Ihre Mühe:
Unter allen Einsendern verlosen wir monatlich Bücher aus unseren Programmen im Wert von € 50,-

VORNAME / NAME

STRASSE / HAUSNUMMER

PLZ / ORT

E-MAIL

Bei Angabe Ihrer Mail-Adresse erhalten Sie rund 6 Mal jährlich unseren Newsletter, der Sie über die uns genannten Themenbereiche informiert.

Ihre Meinung ist uns wichtig!

Diese Karte lag in dem Buch:

....

Ihre Meinung zu diesem Buch:

....

....

....

Wie sind Sie auf dieses Buch gestoßen?

○ Buchbesprechung in:
○ Anzeige in:
○ Verlagsprospekt
○ Entdeckung in der Buchhandlung
○ Internet
○ Empfehlung
○ Geschenk

Für welche Themen interessieren Sie sich?

○ Religion
○ Spiritualität & Lebenskunst
○ Kinder & Familie
○ Kirche & Gemeinde
○ Theologie & Religionswissenschaft
○ Garten / Kochen / Wohnen
○ Kalender & Geschenke
○ Psychologie & Lebenshilfe
○ Geschichte/Geschichtswissenschaft

Fordern Sie unsere aktuellen Themenprospekte an:
bestellungen@verlagsgruppe-patmos.de
Fax +49.711.4406-177
Tel. +49.711.4406-194

Einen Überblick unseres **Gesamtprogramms** finden Sie unter
www.verlagsgruppe-patmos.de

PATMOS
ESCHBACH
GRÜNEWALD
THORBECKE
SCHWABEN

Die Verlagsgruppe
mit Sinn für das Leben

... Gott, der Herr, gab mir die Zunge eines Jüngers, damit ich verstehe, die Müden zu stärken durch ein aufmunterndes Wort. Jeden Morgen weckt er mein Ohr, damit ich auf ihn höre wie ein Jünger. Gott, der Herr, hat mir das Ohr geöffnet.« (Jesaja 49,1a; 50,4f.)

Dennoch hatte er bei den Menschen seines Volkes, die in Babylon in der Verbannung lebten, kein Gehör und keine Zustimmung gefunden. Im Gegenteil! Offensichtlich war er von seinen Volksgenossen angegriffen, verletzt und am Ende sogar wie ein Verbrecher getötet worden:

»Er hatte keine schöne und edle Gestalt, so dass wir ihn anschauen mochten. Er sah nicht so aus, dass wir Gefallen fanden an ihm. Er wurde verachtet und von den Menschen gemieden, ein Mann voller Schmerzen, mit Krankheit vertraut. Wie einer, vor dem man das Gesicht verhüllt, war er verachtet; wir schätzten ihn nicht. ... Durch Haft und Gericht wurde er dahingerafft, doch wen kümmerte sein Geschick? ... Bei den Ruchlosen gab man ihm sein Grab, bei den Verbrechern eine Ruhestätte, obwohl er kein Unrecht getan hatte und kein trügerisches Wort in seinem Mund war.« (Jesaja 53,2f.8f.)

Weshalb hatte das geschehen können? Wo war da Gott geblieben? Die Antwort:

»Er hat unsere Krankheit getragen und unsere Schmerzen auf sich geladen. Wir meinten, er sei von Gott geschlagen, von ihm getroffen und gebeugt. Doch er wurde durchbohrt wegen unserer Verbrechen, wegen unserer Sünden zermalmt. Zu unserem Heil lag die Strafe [Martin Buber: die Züchtigung] auf ihm, durch seine Wunden sind wir geheilt. Wir hatten uns alle verirrt wie Schafe, jeder ging für sich seinen Weg. Doch der Herr lud auf ihn die Schuld von uns allen.« (Jesaja 53,4–6)

Lag es da, bei einem solchen *Bibeltext* (!), nicht auch für Jesu Jünger nahe, das Leiden und Sterben ihres Meisters in der gleichen Weise zu sehen und zu verstehen? Und so kamen sie zu der Überzeugung: Auch Jesus hatte, wie jener Gottesknecht, leiden und sterben müssen, weil Gott auch ihm die Sünden seiner Mitmenschen aufgeladen hatte. Auch seine Wunden und sein vergossenes Blut hatten für uns Menschen eine heilende Wirkung. So konnte der Verfasser des sogenannten 1. Petrusbriefs an Christen schreiben, die ebenfalls zu Unrecht leiden mussten:

»Christus hat für euch gelitten und euch ein Beispiel gegeben, damit ihr seinen Spuren folgt: Er hat keine Sünde begangen, und in seinem Mund war kein trügerisches Wort. Er wurde geschmäht, schmähte aber nicht, er litt, drohte aber nicht, sondern überließ seine Sache dem gerechten Richter. Er hat unsere Sünden mit seinem Leib auf das Holz des Kreuzes hinaufgetragen, damit wir tot seien für die Sünden und für die Gerechtigkeit leben. Durch seine Wunden seid ihr geheilt.« (1 Petrus 2,21–24)

So gab es für die ersten Christen viele Möglichkeiten, im Licht ihrer Bibel dem Leiden und Sterben Jesu *von sich aus* einen tieferen Sinn zuzuschreiben, auch wenn Jesu Passion *an sich* ein sinnloses Geschehen war.

13. Der leidende Gerechte

Wir sahen: Jesus war weder der Erste noch der Einzige, der in Israel angefeindet wurde, weil er sich mit Wort und Tat für Gott einsetzte – so wie er Gott und Gottes Willen verstand. Schon vor Jesus hatten immer wieder Menschen, die in ihrem Leben Gott gerecht werden wollten, zu leiden, ohne von den übrigen Gläubigen unterstützt zu werden. So lesen wir beispielsweise im *Buch der Psalmen* die folgende Klage:

> »Hilf mir, o Gott! Schon reicht mir das Wasser bis an die Kehle. ... Entfremdet bin ich den eigenen Brüdern, den Söhnen meiner Mutter wurde ich fremd. Denn der Eifer für dein Haus hat mich verzehrt, die Schmähungen derer, die dich schmähen, haben mich getroffen. ... Umsonst habe ich auf Mitleid gewartet, auf einen Tröster, doch ich habe keinen gefunden. ...« (Psalm 69,1.9f.21)

Eine ähnliche Klage kennen wir aus Psalm 22:

> »Mein Gott, mein Gott, warum hast du mich verlassen, bist fern meinem Schreien, den Worten meiner Klage. ... Alle, die mich sehen, verlachen mich, verziehen die Lippen, schütteln den Kopf. ›Er wälze die Last auf den Herrn, der soll ihn befreien! Der reiße ihn heraus, wenn er an ihm Gefallen hat.‹ ... Sie verteilen unter sich meine Kleider und werfen das Los um mein Gewand.« (Psalm 22,2.8f.19)

Dass solch bittere Erfahrungen keineswegs die Ausnahme waren, beweist das im 1. Jahrhundert v. Chr. entstandene *Buch der Weisheit*, das das Verhalten der Frevler, der Sünder[43], so schildert:

> »Lasst uns dem Gerechten auflauern! Er ist uns unbequem und steht unserem Tun im Weg. ... Er rühmt sich, die Erkenntnis Gottes zu besitzen, und nennt sich einen Knecht des Herrn. Er ist unserer Gesinnung ein lebendiger Vorwurf, schon sein Anblick ist uns lästig; denn er führt ein Leben, das dem der anderen nicht gleicht, und seine Wege sind grundverschieden. Als falsche Münze gelten wir ihm, von unseren Wegen hält er sich fern wie von Unrat. Das Ende der Gerechten preist er glücklich und prahlt, Gott sei sein Vater. Wir wollen sehen, ob seine Worte wahr sind, und prüfen, wie es mit ihm ausgeht. Ist der Gerechte wirklich Sohn Gottes, dann nimmt sich Gott seiner an und entreißt ihn der Hand seiner Gegner. Roh und grausam wollen wir mit ihm verfahren, um seine Sanftmut kennenzulernen, seine Geduld zu erproben. Zu einem ehrlosen Tod wollen wir ihn verurteilen; er behauptet ja, es werde ihm Hilfe gewährt.« (Weisheit 2,12–20)

Um Gottes willen leiden zu müssen – diese Erfahrung war den Menschen in Israel also nicht fremd. Deshalb ist es auch verständlich, dass die Christen, die Juden waren und deren Glauben und Denken uns vor allem im Matthäusevangelium begegnet, das Leiden des gekreuzigten Jesus einfach als – das ja bekannte! – Leiden eines Gerechten schilderten:

> »Die Leute, die vorbeikamen, verhöhnten ihn, schüttelten den Kopf und riefen: ›Wenn du Gottes Sohn bist, hilf dir selbst und steig herab vom Kreuz!‹ Auch die Hohenpriester, die Schriftgelehrten und die Ältesten verhöhnten ihn und sagten: ... Er hat auf Gott vertraut, der soll ihn jetzt retten, wenn er an ihm Gefallen gefunden hat, er hat doch gesagt: ›Ich bin Gottes Sohn‹. ... Um die neunte Stunde rief Jesus laut: *Eli, Eli, lema sabachthani*, das heißt: Mein Gott, mein Gott, warum hast du mich verlassen?« (Matthäus 27,39f.41.43.46)

Jesu Tod war in den Augen dieser aus dem Judentum kommenden Christen weder etwas Besonderes noch gar Gottes Wille; denn Gott hatte Jesus (nach dem Verständnis dieser Christen) nicht gesandt, um uns durch seinen Tod zu erlösen, sondern um uns zu sagen, was wirklich Gottes Wille ist und wie wir all die vielen Gebote anwenden sollen, in denen wir Gottes Willen zu konkretisieren versuchen. Denn durch Jesus hatte sich erfüllt,

> »was durch den Propheten Jesaja gesagt worden ist: ›Seht, das ist mein Knecht, den ich erwählt habe, mein Geliebter, an dem ich Gefallen gefunden habe. Ich werde meinen Geist auf ihn legen, und er wird den Völkern das Recht verkünden. Er wird nicht zanken und nicht schreien, und man wird seine Stimme nicht auf den Straßen hören. Das geknickte Rohr

wird er nicht zerbrechen und den glimmenden Docht nicht auslöschen, bis er dem Recht zum Sieg verholfen hat. Und auf seinen Namen werden die Völker ihre Hoffnung setzen.« (Matthäus 12,17–21)

Das Leben und die Botschaft Jesu verlieren also keineswegs ihren Sinn und Wert, wenn Jesu Leiden und Sterben nicht gottgewollt war; ==denn Jesu Passion kann durch Jesus selbst einen Sinn gehabt haben:== Dadurch, dass er in jener Nacht am Ölberg nicht durch das Kidrontal und die judäische Wüste Richtung Galiläa floh, dokumentierte er einfach und klar, wie todernst es ihm mit seinem Evangelium, mit seiner Botschaft von der Gegenwart des Reiches Gottes, bis zuletzt war. Zu keiner Zeit war er ausgewichen, unter keinen Umständen hatte er sich von seiner frohen Botschaft distanziert. Wer auch immer von ihm hören und ihm offen, ehrlich und unvoreingenommen begegnen würde, würde niemals mehr von seinem Evangelium »Das Reich Gottes ist *da*!« absehen können.

Teil IV
Das Erbe Jesu

Wenn Jesus wirklich nicht gestorben sein sollte, um alle Menschen zu erlösen; wenn Jesus tatsächlich nicht der sein sollte, der uns – von den Toten auferweckt – vor dem Zorn Gottes retten müsste, würde dann das Christentum nicht zwangsläufig seine Basis und seinen Sinn verlieren? Müssten sich dann nicht alle christlichen Kirchen und Glaubensgemeinschaften möglichst bald auflösen?

Ganz gewiss nicht, wenn wir Jesu ursprüngliches und ureigenes Anliegen ernst nehmen und in unsere heutige Welt übersetzen. Dies soll im folgenden abschließenden Teil versucht werden.

14. Augen, die sehen

Nach dem Zeugnis des ältesten Evangeliums war Jesu Verkündigung und Jesu Wirken die Konsequenz eines ganz bestimmten Zeit- und Weltverständnisses: »Die Zeit ist voll, das Reich Gottes ist da! Kehrt um und vertraut auf die frohe Botschaft.« (Markus 1,15)

Der erste Teil von Jesu Botschaft ist klar: »Die Zeit ist voll« meint: Es gibt keinen Grund, noch länger zuzuwarten, so als ob die Zukunft irgendwann einmal noch mehr bieten könnte. Doch was ist mit dem zweiten Teil gemeint: »Das Reich Gottes ist da!«? Was ist »das Reich Gottes«?

14.1 Gottes Reich: eine Utopie?

Es waren zwei Erfahrungen, die in Israel zu der Vorstellung vom *Reich Gottes* geführt hatten:

a) Zum einen hatten die Menschen in Israel immer wieder erlebt, dass ihr Leben auch ungeahnte und kaum vorstellbare positive Möglichkeiten in sich birgt: beispielsweise gleich zu Beginn, als sie bei ihrer Flucht aus Ägypten vielen Gefahren und Anfeindungen auf wundersame Weise entkamen (Exodus / 2 Mose 12,1–18,27) und als Fremde ein eigenes Land fanden (Josua 1,1–12,24). Oder als ihre Hauptstadt Jerusalem als einzige aus der Belagerung durch die assyrischen Truppen gerettet wurde (2 Könige 19), oder als ihre Verbannten aus dem babylonischen Exil nach Palästina zurückkehren konnten (Jesaja 40–62). Für diese und alle ähnlich überraschenden positiven Geschehnisse gab es für die Menschen in Israel – wie auch für ihre Zeitgenossen – nur *eine* Erklärung: In all diesen Ereignissen hatten sie (ihren) Gott erlebt, der ihren Lebensraum zum Raum seiner Herrschaft, zu seinem Reich – *und damit eben auch zum Ort zunächst unvorstellbarer positiver Entwicklungen* – gemacht hatte. Das heißt: Die vorhandenen, aber nicht erkannten oder ernst genommenen positiven Möglichkeiten im Leben wurden zum Reich Gottes, als sie verwirklicht wurden.

b) Für diese Überzeugung sprach als Zweites auch noch die Erfahrung, in der eigenen – persönlichen wie gemeinsamen – Gestaltung des Lebens nicht einfach frei zu sein, sondern bestimmte Regeln beachten zu müssen, wenn man wirklich Erfolg haben und lange leben wollte. Wessen Herden – zum Beispiel – das Feld oder den Weinberg eines anderen abweideten (Exodus / 2 Mose 22,4f.) oder in wessen nicht abgedeckten Brunnen das Rind oder der Esel eines anderen hineinfiel und sich tödlich verletzte (Exodus / 2 Mose 21,33f.), der *musste* einfach Ersatz leisten, wenn der Frieden in einer Sippe oder in einer Dorfgemeinschaft nicht verloren gehen sollte. Und wo immer der eine den Besitz des anderen nicht respektierte, auch da war auf Dauer eben kein gutes Leben möglich (Exodus / 2 Mose 20,15.17; Deuteronomium / 5 Mose 5,19.21). Es war *das Leben*, das die Gesetze vorgab, nach denen man erfahren konnte, was im Leben »steckt« und wann es als gut und sinnvoll erlebt werden kann.

Diese dem Leben abgelauschten und lebensfördernden Gesetze wurden in Israel nun aber immer konsequenter mit dem Gott in Verbindung gebracht, der einst gerettet hatte. Und so waren es nicht zuletzt diese Jahwe zugeschriebenen wohltuenden Weisungen und Gebote, auf die die einzelnen Israeliten in ihrem Leben stießen und die von ihnen Beachtung forderten, die es für die Menschen in Israel durch alle Jahrhunderte hindurch *erfahrbar* machten, dass es ihnen nicht einfach frei stand, zu tun und zu lassen, was sie wollten, sondern dass sie (nach damaligem Verständnis) im Herrschaftsraum, im Reich eines königlichen Gottes lebten, der mit seinem Willen alle Kräfte *zum Guten* zu lenken versucht.

So machten die Menschen in Israel mit den in Jahwes Namen geltenden Gesetzen unbestreitbar positive Erfahrungen. Daher war es fast zwangsläufig, dass alle negativen Ereignisse im Leben der menschlichen Seite angelastet wurden. Nur weil man Gottes guten Willen nicht getan hatte, schien es – seit Adam und Eva – zu Leid, Not und Tod gekommen zu sein. Würde Gottes Wille und Weisung von allen beachtet, wäre die Welt und das Leben in ihr als Gottes Reich ohne Zweifel vollkommen gut. Freilich, ein solch durch und durch positiver Zustand schien den Menschen des frühen Judentums – auch zur Zeit Jesu – innerweltlich immer weniger erreichbar. Und so wurde das »Reich Gottes«, die »Herrschaft Gottes« mehr und mehr zum Gegenstand der zukünftigen Erwartung, der endzeitlichen Hoffnung.

Im Unterschied, ja im Gegensatz dazu verkündete nun Jesus als Erster und Einziger: »Das Reich Gottes ist *da*! *Vertraut* auf die frohe Botschaft!« (Markus 1,15) Das aber heißt im Licht von Israels Glauben und Erfahrung: Unsere Welt und das Leben in ihr ist der Ort zunächst unvorstellbarer, aber möglicher positiver Entwicklungen! Gottes Reich ist in unserer Welt in der Weise der Potenzialität *da*![44]

Weshalb Jesus damit Recht hatte und uns dadurch einen neuen Zugang zum Leben eröffnet hat, können die folgenden vier aktuellen Beispiele zeigen.

14.2 Gottes Reich: was an Gutem möglich ist

Auch im Sommer 2008 veranstaltete die Universität Tübingen ihre deutschlandweit bekannte *Sommeruniversität*. Deren Programm beinhaltete wiederum ein breites Spektrum an Themen, die auf anschauliche und gleichzeitig anspruchsvolle Weise vermittelt wurden – angefangen bei der zoologischen Betrachtung des Zwitters über die mathematische Betrachtung von Geometrie und Raum bis zu Eduard Mörikes geologischen Passionen. In einer dieser Vorlesungen widmete sich Professor Stefan Laufner, Lehrstuhlinhaber am Pharmazeutischen Institut, dem Problem der Arzneimittelforschung: Weshalb erreichte die Zahl der neu zugelassenen Medikamente im Jahr 2007 einen historischen Tiefstand, obgleich 17 Prozent der Forschungsgelder weltweit in die Pharmazie fließen? Seine Antwort war überraschend: »Wirksame Substanzen zu finden, die irgendetwas tun, ist kein Problem. Dazu fehlt dann nur die passende Krankheit.« Das heißt aber doch:

Es gibt offensichtlich vieles in unserer Welt, das *in sich* die Kraft hat, Positives zu bewirken, Hilfe zu leisten und das Leben voranzubringen. Freilich bedarf es der passenden »Umgebung«, damit diese *mögliche* positive Kraft auch *zur Wirkung* kommen kann – und dieser Zusammenhang ist oftmals eben nicht gegeben oder er wird nur zufällig erkannt. Ein beeindruckendes Beispiel dafür ist die Entdeckung des Penicillins.

1928 experimentierte der Mikrobiologe Alexander Fleming mit Bakterien, die zum Beispiel bei Lungenentzündungen vorkommen. Dabei entdeckte er, dass eine seiner Bakterienkulturen von den Sporen eines Schimmelpilzes befallen war. Als er die so verunreinigte Probe wegwerfen wollte, fiel ihm auf, dass sich überall dort, wo sich dieser Pilz ausbreitete, keine Bakterien ansiedelten und dort, wo welche vorhanden waren, diese sogar zugrunde gingen.

Diese Beobachtung regte ihn zu weiteren Versuchen an. Dabei fand er heraus, dass der Pilz eine Substanz entwickelte (die er Penicillin nannte), die für eine Reihe von Bakterien tödlich war, ohne die weißen Blutkörperchen (bei Tier und Mensch) zu beschädigen – und deshalb zur Hilfe bei Vergiftungen bestens geeignet war.

Das heißt – und dies ist für uns an dieser Stelle von besonderer Bedeutung: Die Anlage, die diesem Schimmelpilz eigen ist, bedarf einer bestimmten Gegebenheit – eine Blutvergiftung –, um ihre Fähigkeit realisieren und zeigen zu können. Wo dieser Umstand, die Vergiftung, aber gegeben ist, wird die heilvolle Kraft des Schimmelpilzes von den Betroffenen, den »Vergifteten«, als beglückend, fast wie ein Geschenk des Himmels empfunden, über das man nur staunen kann.

Ein weiteres erstaunliches Beispiel bietet der Schwefelwasserstoff: Bei ihm handelt es sich zwar um ein »giftiges Gas«. »Paradoxerweise aber spielt die Substanz, wie Wissenschaftler in den letzten zehn Jahren herausgefunden haben, bei zahlreichen Vorgängen im Körper eine wesentliche Rolle – etwa bei der Kontrolle des Blutdrucks und der Regulation des Stoffwechsels. Befunde meiner Forschungsgruppe deuten denn auch darauf hin, dass H_2S bei sachgemäßer Anwendung eine Reihe günstiger Wirkungen hat. So kann er die Behandlung von Herzinfarktpatienten unterstützen und eines Tages vielleicht sogar die Unfallopfer bis zur lebensrettenden Operation oder Bluttransfusion am Leben erhalten.«[45]

Wenn wir nun aber bei so vielem entdecken, dass es eine *positive* Kraft in sich hat, sodass es das Leben schützen und aufbauen kann, wenn es nicht behindert, sondern »sachgemäß« eingesetzt wird, liegt es dann nicht nahe zu fragen, wodurch all dem vielen, den vielen Substanzen, diese Leben schaffende und lebensfreundliche Energie zukommt? Wenn wir sie nun aber von ihrem Ursprung herkommend sehen – das heißt von dem Ursprung allen Lebens her, den wir Gott nennen –, spricht diese positive Energie dann nicht eindeutig davon, dass *Gott* dort vorkommt, Raum gewinnt und so *sein* »Reich« vergegenwärtigt, wo diese heilvollen und aufbauenden *Möglichkeiten* sich realisieren können beziehungsweise realisiert werden?
Ein Einwand liegt hier nahe: Die angeführten Beispiele haben nur indirekt etwas mit unserer menschlichen Gesellschaft zu tun, die Jesus ja vor allem im Blick hatte, als er seinen Zeitgenossen verkündete: »Das Reich Gottes ist da!« (Markus 1,15) Selbst wenn es zutreffen sollte, dass das Reich Gottes für uns Menschen in den Möglichkeiten des Lebens, d. h. in den Möglichkeiten der Physik, der Chemie und der Biologie da ist, kann dies ebenso im Blick auf unsere menschliche Gesellschaft gesagt werden?

Ja, ganz gewiss – beispielhaft aufgezeigt von dem Psychologen und Unternehmer Ernst Kiesinger, der 1998 mit anderen die Berliner Pegasus GmbH gegründet hat.[46] Anlass zu dieser Firmengründung war die Erfahrung, dass es für Menschen mit seelischen oder körperlichen Handicaps fast unmöglich ist, auf dem normalen Arbeitsmarkt eine Arbeitsstelle zu finden. Deshalb gründete er die Firma Pegasus, die sich die Förderung von beruflicher und sozialer Wiedereingliederung sozial benachteiligter Personen, insbesondere psychisch Kranker, körperlich und/oder schwerbehinderter Menschen, sowie von sozial benachteiligten Bevölkerungsgruppen zum Ziel gesetzt hat. Und dieses Experiment glückte:

Seit 1998 konnte die Pegasus GmbH mehr als 100 Arbeitsplätze aufbauen. Die Mitarbeiterauswahl orientierte sich dabei am Unternehmensziel. So gelang es in den vergangenen Jahren, mehrere schwer behinderte ArbeitnehmerInnen auszubilden und verschiedene Arbeitsplätze für beeinträchtigte ArbeitnehmerInnen zu schaffen. Der Anteil der Arbeitsplätze für beeinträchtigte ArbeitnehmerInnen liegt derzeit bei knapp 14%. Auch diese MitarbeiterInnen bekommen ganz regulär eine Lohnsteuerkarte, sie verdienen mit ihrer Arbeit Geld und sind so ein Stück weit unabhängig.

Dieser Erfolg war freilich nur möglich, weil zum einen alle, die bei Pegasus arbeiten, sich darüber im Klaren und dazu bereit sind, die Kranken mittragen zu müssen, und weil zum anderen auf die Erzielung spekulativer Gewinne von Seiten der Eigentümer verzichtet wird und Gewinne in die Pegasus GmbH reinvestiert werden.

So lässt schon dieses Beispiel keinen Zweifel daran: Es gibt in unserer Welt viele, oft übersehene und geradezu unglaubliche Möglichkeiten, die Not und das Leid in unserer Gesellschaft zu verringern, ja zu überwinden. Und all diese Möglichkeiten sind – theologisch ausgedrückt – das Reich Gottes. Dafür spricht auch noch ein letztes Beispiel[47]:

Im Bremerhavener Stadtteil Lehe leben gegenwärtig ungefähr 48 Prozent der Minderjährigen in Armut und materieller Not. Dies veranlasste eine Reihe von dort lebenden Erwachsenen, sogenannte »Zeitreiche«, also Rentner und Erwerbslose, das Projekt »Rückenwind« ins Leben zu rufen. Dazu mieteten sie zunächst nur wenige Räume in einem Privathaus. Dorthin konnten die Sechs- bis Zwölfjährigen aus Lehe nach ihrer Schule allein oder mit ihren Freunden und Geschwistern kommen – anmelden ist noch immer nicht erforderlich und zahlen müssen die Kinder auch nichts; denn Spender aus dem Stadtteil Lehe sind es, die »Rückenwind« Aufwind geben und von staatlichen oder kirchlichen Organisationen unabhängig sein lassen. Inzwischen sind es bereits zweieinhalb Wohnungen: ein Hip-Hop-Raum, eine PC-Werkstatt, die Redaktion der Kinderzeitung, Küche, Bastelecke, Ruheräume, ein Mädchenzimmer – und keiner der Nachbarn im Haus beschwert sich wegen der Lautstärke. Ein Ort zum Wohlfühlen also.

Deshalb kommen die Kinder offensichtlich gern; sie fühlen, dass sie ernst genommen werden, wenn sie auch von ihren Ängsten und Wünschen sprechen. Und so lernen sie, miteinander auszukommen, zu teilen, sich gegenseitig zu unterstützen. Aber auch die engagierten Erwachsenen haben einen Gewinn; auch sie wachsen an ihrer Arbeit, bei der sie von Ein-Euro-Jobbern, ABM-Kräften und einer Erzieherin unterstützt werden.

Zugegeben: Bei dem Projekt »Rückenwind« spielt allem Anschein nach Gott keine Rolle – weder als Initiator noch als Belohnungsinstanz. Wer aber wollte deshalb leugnen, dass bei all dem Guten, das im Bremerhavener Stadtteil Lehe in diesem Rahmen für die Gegenwart und Zukunft geleistet wird, genau das verwirklicht wird, was Gott – sofern es ihn gibt und sofern er an unserem Leben Anteil nimmt – wohl getan haben wollte und getan haben will? Natürlich können wir das Ganze auch anders, nämlich so sehen: Im Blick auf die Bundesrepublik Deutschland, ja schon im Blick auf das Land Bremen ist das Projekt »Rückenwind« für den *Stadtteil Lehe* ein »glücklicher Zufall« – und dazu kam es, weil dort lebende Frauen und Männer entschlossen waren, die unter Umständen *gegebenen Möglichkeiten* zur Hilfe für Kinder in Not und Armut zu realisieren. Und so ließen sie ganz zufällig – wenigstens in den Augen derer, die an (einen) Gott zu glauben vermögen – ein Stück Himmel, ein Stück »Reich Gottes« auf Erden Wirklichkeit werden.

Schon diese wenigen Beispiele könn(t)en uns Mut machen, Gott selbst *in seiner Schöpfung als seinem Reich* gegenwärtig zu sehen – und sie lassen sich zwanglos vermehren, beispielsweise durch dieses Gedicht von Joseph von Eichendorff:

> »Schläft ein Lied in allen Dingen
> die da träumen fort und fort,
> und die Welt hebt an zu singen,
> triffst du nur das Zauberwort.«

Gott als das Zauberwort, das uns den rechten Zugang zum Geheimnis des Lebens schenkt? Oder können so nur noch Romantiker und – Theologen am Beginn ihres Studiums denken? Gewiss nicht! Es ist gerade die Physik, die dieses Verständnis nahelegt. Zwei Beispiele:
Hans-Rudolf Stadelmann studierte zuerst Physik, Mathematik und Astronomie und war dann lange Jahre als Atomphysiker

tätig. Danach studierte er aber auch noch evangelische Theologie und arbeitet heute als Gemeindepfarrer in der Schweiz. Ausgehend von dem sogenannten Urknall umschreibt er Gottes Verhältnis zur Welt, zum Kosmos, so: »Materie ist in heutiger Sicht so etwas wie ›geronnener Geist‹, da im ›Zeitpunkt‹ des Urknalls noch keine Materie existierte. Geist und Materie können somit nicht mehr als grundsätzlich verschieden betrachtet werden.«[48]
So verstanden würde Gott sich in unserer Welt und in unserem Leben nicht als »übergeordnete Instanz« melden, die uns von außen und gleichsam von oben herab ihren Willen kundtut. Dann dürfte es vielmehr sachgerechter sein, den Gang des Lebens so zu denken, dass das Einzelne, das (zunächst im atomaren und molekularen Bereich) Gestalt angenommen hat, kraft des ihm innewohnenden – von Gott herkommenden – Geistes darauf aus ist, eine der jeweils offenstehenden, weiterführenden Möglichkeiten zu realisieren: »Sendest du deinen Geist aus, so werden sie alle erschaffen, und du erneuerst das Antlitz der Erde.« (Psalm 104,30)
Oder anders, zeitgemäßer ausgedrückt – mit den Worten des Physikers und Trägers des alternativen Friedensnobelpreises Hans-Peter Dürr vom Max-Planck-Institut für Physik in München:

> »Was der Theologe ›Atem Gottes‹ nennt, ist eine Grundstruktur, die auch in der naturwissenschaftlichen Beschreibung auftritt. Es gibt das Immaterielle im Gegensatz zum Materiellen gar nicht. Alles ist sozusagen ›Atem Gottes‹. Das Wesentliche hinter allem ist also der Geist, der sich in der Evolution nach und nach konkretisiert.«[49]

Es ist also weder naiv noch unsinnig, nach Gott mit allen Sinnen in seiner Schöpfung als seinem Reich Ausschau zu halten. Auch heute gelten noch die Worte, die der Apostel Paulus den Menschen auf dem Areopag in Athen zugerufen hatte: »Sie sollten Gott suchen, ob sie ihn ertasten und finden könnten; denn keinem von uns ist er fern.« (Apostelgeschichte 17,27) Und so haben wir allen Grund, zu der Botschaft zu stehen, die wir von Jesus geerbt haben: »Das Reich Gottes ist da, schon heute und nicht erst morgen!«[50]

Auch an diesem Punkt können – und müssen! – wir uns nicht länger mit alten, herkömmlichen und ach so frommen Antworten zufrieden geben.

15. Ohren, die hören

Wenn es wirklich zutreffen sollte, dass die Schöpfung, die Welt, das Leben heute schon im Grunde Gottes Reich ist, weshalb ist Gott für uns dann doch im Leben oftmals so fern – wie beispielsweise an jenem Montag nach dem Weißen Sonntag 1966:
Wir waren mit den Jungen und Mädchen zweier Gemeinden – Gutenzell und Laubach –, die tags zuvor ihre Erstkommunion gefeiert hatten, zur Wallfahrtskirche *Ave Maria* in Deggingen gefahren. In Gedanken waren wir immer wieder bei der Mutter eines der Mädchen, die schwer krank im Krankenhaus von Ochsenhausen lag. Was war da natürlicher, als dass wir alle am Ende dieses Tages in *Ave Maria* auch und vor allem für diese Mutter beteten? Und die Kinder taten es ernsthaft, aufrichtig, selbstlos und »aus reinem Herzen« (Matthäus 5,8). Dann fuhren wir voller Hoffnung zurück; denn wenn irgendwann, dann musste doch hier geschehen, was Jesus einst versprochen hatte:

»Bittet, dann wird euch gegeben; sucht, dann werdet ihr finden; klopft an, dann wird euch geöffnet. Denn wer bittet, der empfängt; wer sucht, der findet; und wer anklopft, dem wird aufgetan. Oder ist einer unter euch, der seinem Sohn einen Stein gibt, wenn er um Brot bittet, oder eine Schlange, wenn er um einen Fisch bittet? Wenn nun schon ihr, die ihr böse seid, euren Kindern zu geben versteht, was gut ist, wie viel mehr wird euer Vater im Himmel denen Gutes tun, die ihn bitten.« (Matthäus 7,7–10)

Wenige Tage später starb jene Mutter! Weshalb? Weshalb hatte Gott dieses ehrlich gemeinte, vertrauensvolle Gebet seiner *Kinder* nicht erhört? Wenn er doch allmächtig ist!

15.1 *Gott ist* nicht *allmächtig!*

a) Was die Bibel sagt

Es klingt unglaubhaft, aber es ist so: Wir suchen den uns geläufigen Begriff »der allmächtige Gott« in den Schriften des Alten, aber auch in den Schriften des Neuen Testaments vergeblich. Für die Menschen im alten Israel, aber auch noch für die Christen der ersten Zeit war der Begriff »der allmächtige Gott« offensichtlich weder naheliegend noch geeignet, wenn sie aufgrund ihrer Erfahrungen sagen wollten, wer und wie Gott ist. Gewiss, an Gottes Macht gab es für die Menschen in Israel nicht den geringsten Zweifel; denn eben diese hatten sie ja immer wieder in ihrer Geschichte erfahren: bei der Herausführung aus Ägypten; beim Zug durch die Wüste; in der Zeit, als die zwölf Stämme in Kanaan allmählich zu einem Volk wurden; aber auch noch viel später, als Israel alle feindliche Angriff überlebte, so wie es beispielsweise Psalm 124 besingt:

»Hätte sich nicht der Herr für uns eingesetzt – so soll Israel sagen –, hätte sich nicht der Herr für uns eingesetzt, als sich gegen uns Menschen erhoben, dann hätten sie uns lebendig verschlungen, als gegen uns ihr Zorn entbrannt war. ... Gelobt sei der Herr, der uns nicht ihren Zähnen als Beute überließ. Unsere Seele ist wie ein Vogel aus dem Netz des Jägers entkommen; das Netz ist zerrissen, und wir sind frei. Unsere Hilfe ist im Namen des Herrn, der Himmel und Erde gemacht hat.« (Psalm 124,1–3.6–8)

An Gottes Macht gab es für Israel zu keiner Zeit irgendwelche Zweifel. Allerdings, je länger Israel mit Gott seine Erfahrung machte, umso besser verstand es die *Eigenart* der Macht Gottes. Sie war nicht eine Macht *gegen* andere Menschen und Völker – so hatten die Väter noch Gottes Macht beim Auszug aus Ägypten verstanden. Nein, Gottes Macht war die Kraft, in der Gott Israel bewahrte und trug – so wie der Prophet in Gottes Namen Israel einst versprochen hatte:

»Hört auf mich, ihr vom Haus Jakob, und ihr alle, die vom Haus Israel noch übrig sind, die mir aufgebürdet sind vom Mutterleib an, die von mir getragen wurden, seit sie den Schoß ihrer Mutter verließen. Ich bleibe derselbe, so alt ihr auch werdet, bis ihr grau werdet, will ich euch tragen. Ich habe es getan, und ich werde euch weiterhin tragen, ich werde euch schleppen und retten.« (Jesaja 46,3f.)

Gottes Macht – wenn Israel davon sprach, dann dachte es nicht (wie wir es vielleicht tun) daran, dass Gott »alles Mögliche« machen könnte, wenn er nur wollte, sondern dann dachte Israel daran, dass Gottes machtvolle Zuneigung, Freundschaft und

Liebe durch keine andere Macht besiegt und zerstört werden kann. Aus diesem Grund kamen weder Israel noch Jesus und die ersten Christen auf die Idee, vom »*all*mächtigen Gott« zu reden.

b) Problematische Übersetzungen

Hier können sich nun freilich begründete Zweifel einstellen, da wir in *unserer* Bibel – vor allem in den Erzählungen von Abraham, Isaak und Jakob und im Buch Ijob, aber auch in der Geheimen Offenbarung des Johannes – durchaus Stellen finden, an denen Gott eben doch »der Allmächtige« genannt wird. Dafür gibt es jedoch eine einfache Erklärung:

In der hebräischen Bibel finden wir überall dort, wo wir in unseren Übersetzungen auf das Wort »der Allmächtige« stoßen, einen sehr alten Gottesnamen – `el šaddaj –, dessen ursprüngliche Bedeutung in Israel schon sehr früh nicht mehr verstanden wurde (und auch wir können ihn heute nicht mehr eindeutig erklären). Deshalb suchten diejenigen, die die hebräische Bibel in die *griechische* Sprache übersetzten, nach einem *neuen* Wort für den alten Gottesnamen – und sie wählten dafür jenen Begriff, dem wir dann auch im Neuen Testament, in der Offenbarung des Johannes (1,8; 4,8; 11,17 u.ö.) begegnen: *pantokrator*. Aber auch *Pantokrator* heißt nicht »der Allmächtige«, sondern »*der Allerhalter, der Allherrscher*«. Erst in dem alten Taufbekenntnis der *römischen* Christengemeinde wurde »Gott, der Vater« – unter dem Einfluss der römischen, also der »heidnischen« Theologie – als *omnipotens*, d. h. als *allmächtig* bezeichnet. Aus diesem Grund beginnt das apostolische Glaubensbekenntnis der griechisch sprechenden Christen auch noch heute nicht mit den Worten: »Ich glaube an Gott, den Vater, den Allmächtigen«, sondern mit: »Ich glaube an Gott, den Vater, den Allherrscher/Allerhalter«.

Die Bezeichnung »der Allmächtige« für Gott stammt also nicht aus der Gedanken- und Sprachwelt der Bibel, sondern aus der Welt des Heidentums. Natürlich muss die Gottesbezeichnung »der Allmächtige« nicht einfach schon deshalb falsch sein. Schließlich hat sich die christliche Theologie auch bei vielen anderen Gedanken über Gottes Wesen von heidnischen Theologen und Philosophen inspirieren lassen. Weshalb also nicht auch an diesem Punkt? Einfach deshalb, weil vieles im Blick auf Gott, auf die Welt und unser Leben klarer und verständlicher wird, wenn wir uns Gott nicht »allmächtig« denken. Dadurch verliert Gott nichts, im Gegenteil!

Gewiss, hier meldet sich bei Menschen, die sich in der Bibel etwas genauer auskennen, noch ein vielleicht letzter Einwand: Heißt es in der Abrahamsgeschichte nicht, dass bei Gott alles möglich sei?

c) Wie war es bei Sara?
Hier führt uns unser Gedächtnis in die Irre; denn an der gemeinten Stelle geht es nicht darum, ob bei Gott *alles möglich* sei. Der fragliche Text lautet vielmehr (nach der Einheitsübersetzung, der Luther-Übersetzung und in der Zürcher-Bibel):

> »Da sprach der Herr zu Abraham: Warum lacht Sara und sagt: Soll ich noch wirklich Kinder bekommen, obwohl ich so alt bin? Ist beim Herrn etwas unmöglich?« (Genesis / 1 Mose 18,13f.)

Nun ist aber auch diese Übersetzung eine freie Wiedergabe des hebräischen Textes; denn die gleiche Wendung, die in Genesis / 1 Mose mit »unmöglich« übersetzt wird, begegnet uns in Deuteronomium / 5 Mose 17,8 – und dort wird sie in den drei gängigen Übersetzungen so wiedergegeben: »Wenn bei einem Verfahren ... der Fall für dich zu ungewöhnlich liegt ...« (Einheitsübersetzung). Oder: »Wenn eine Sache vor Gericht dir zu schwer sein wird ...« (Luther-Übersetzung). Oder: »Wenn ein Rechtshandel ... dir allzu schwierig vorkommt ...« (Zürcher-Bibel).

Der Herr fragte Abraham also nicht: »Bei Gott ist doch alles möglich?«, sondern: »Ist bei Gott etwas unmöglich? Ist für Gott etwas zu schwer?« Deshalb gibt die neueste Bibelübersetzung – »Bibel in gerechter Sprache« – den hebräischen Text sehr genau und treffend so wieder: »Ist für *Adonaj* eine Sache zu wunderbar?«

Dass es sich bei diesen unterschiedlichen Übersetzungen nicht um ein bloßes Wortspiel handelt, wird klar, wenn wir Folgendes bedenken: Es geht bei der Frage an Abraham nicht darum, ob irgendetwas X-Beliebiges für Gott zu schwer sei, sondern ob es wohl Gottes Macht übersteige, Abraham und Sara auch noch in ihrem Alter eine Zukunft zu schenken. *Die Leben schaffende Macht* – und nicht eine abstrakte Allmacht Gottes steht hier zur Debatte.

Dass wir den biblischen Text damit recht verstanden haben, beweist uns das Neue Testament; denn es bezieht sich zweimal auf eben diese alttestamentliche Stelle: das erste Mal am Ende der »Verkündigungsszene«, wenn der Engel zu Maria sagt: »Auch Elisabet, deine Verwandte, hat noch in ihrem Alter einen Sohn empfangen; obwohl sie als unfruchtbar galt, ist sie jetzt schon im sechsten Monat. Denn für Gott ist nichts unmöglich.« (Lukas 1,36f.)

Das zweite Mal aber begründet Jesus mit diesem Bibelzitat seine positive Antwort auf die skeptische Frage des Petrus, ob ein Reicher überhaupt noch gerettet werden könne, wenn eher ein Kamel durch ein Nadelöhr gelange als ein Reicher ins Himmelreich:

»Jesus sah sie an und sagte zu ihnen: Für Menschen ist das unmöglich, für Gott aber ist alles möglich.« (Matthäus 19,26) Auch an diesen beiden neutestamentlichen Stellen geht es um die unbegrenzte *Leben schaffende* Macht Gottes.

Wir verstellen uns also selbst den Blick auf Gott, wenn wir bei irgendeinem Unglück fragen: »Weshalb hat Gott dieses und jenes zugelassen? Weshalb hat er es in seiner Allmacht nicht verhindert?«, und wenn wir dann versuchen, in der Katastrophe und im Unglück doch noch einen verborgenen göttlichen Sinn zu entdecken. Auch im Unglück werden wir Gott nur gerecht, wenn wir fragen: »Kann Gott uns auch in dieser Katastrophe noch eine Zukunft schenken?« So hat der Jesuitenpater George V. Coyne, Astrophysiker und Leiter des Observatoriums im Vatikan, unbedingt Recht, wenn er in seinem Aufsatz »Was wusste Gott?« zu folgendem Schluss kommt: »Wenn wir die Ergebnisse der modernen Wissenschaft ernst nehmen, fällt es schwer zu glauben, dass Gott allmächtig und allwissend ist im Sinn der scholastischen Philosophen. Die Wissenschaft erzählt uns von einem Gott, der sehr anders sein muss als der Gott, den mittelalterliche Philosophen und Theologen sahen.«[51]

Wenn wir uns von der Heiligen Schrift sagen lassen, worin denn Gottes Macht besteht, dann hören wir etwa Folgendes: »Gottes Macht besteht nicht darin, dass er alles tun könnte, wenn er nur wollte, sondern seine Macht besteht in seiner unzerstörbaren, allen zerstörerischen Mächten überlegenen Treue und Zuneigung zu uns, seinen Geschöpfen. Kraft dieser Macht kann und will Gott uns immer wieder neues Leben schaffen und schenken!«

Gott zu vertrauen heißt also: Gott diese Macht und diesen guten Willen zutrauen. Nur, auf welche Weise bringt Gott seine Macht zur Geltung? Was nützt uns Gottes guter Wille, wenn er in un-

serer Welt nicht unbedingt und jederzeit zur Geltung kommen kann? Unter welchen Bedingungen kann uns Gottes schöpferische Macht und Gottes Wille überhaupt zugute kommen?
Diese Frage beantwortet die Bibel mit der Erzählung vom Paradies (Genesis / 1 Mose 2,4b–3,24).

15.2 Was uns die Erzählung vom Paradies verrät

So schön die biblische Erzählung von Adam und Eva und dem Paradies auch ist, wir wissen: So hat die Geschichte der Menschheit mit Sicherheit nicht begonnen. Dennoch wäre es verkehrt und ein großer Verlust, würden wir diese Erzählung einfach überspringen und aus der Bibel streichen; denn sie sagt uns genau das, was für unser Gottvertrauen von grundlegender Wichtigkeit ist!
Im Ernst?
Ja, gewiss; denn die biblische Paradieserzählung endet ja nicht zufällig mit dem *Verlust* des Paradieses: »Gott, der Herr, schickte den Menschen aus dem Garten von Eden weg, damit er den Ackerboden bestelle, von dem er genommen war.« (Genesis / 1 Mose 3,23)

a) Es könnte auch anders sein
Die Erzählung vom *verlorenen* Paradies konnte nur »erfunden« und geglaubt werden, weil die Menschen, bei denen diese Geschichte aufgekommen war, der Überzeugung waren: Die Welt, in der wir heute leben, kann nicht die Welt sein, die unser Gott eigentlich erdacht hatte. Gott wollte gewiss eine Welt ohne all die Einschränkungen und Leiden, die uns heute das Leben so schwer machen: Im Garten Eden waren Mann und Frau gleich-

berechtigt, auch gab es keine Dornen und Disteln auf dem Acker, für die Frau wäre es eine reine Freude gewesen, Kinder auf die Welt zu bringen und sicherlich lebten die Menschen damals auch mit allen Tieren in einer großen Harmonie (vgl. Genesis / 1 Mose 3,14–19 als Verlustanzeige). Ja, Gott muss eine gute, eine heile Welt gewollt haben.

Wie waren die Menschen im alten Israel wohl zu dieser Vorstellung gekommen, und weshalb wurden diejenigen nicht einfach ausgelacht, die zum ersten Mal die Geschichte von Adam, Eva und dem Paradies erzählten? Die Antwort fällt nicht schwer, wenn wir uns jetzt noch einmal an das Wort des Apostels Paulus auf dem Areopag in Athen erinnern: »Sie sollten Gott suchen, ob sie ihn ertasten und finden könnten; denn keinem von uns ist er fern. Denn in ihm leben wir, bewegen wir uns und sind wir.« (Apostelgeschichte 17,27f.)

Wann immer die Menschen im frühen Israel darauf achteten, bei welchen Gelegenheiten sie Gott ertasteten und wo sie ihn fanden, zeigte sich ihnen durchweg: *Alles Leid ist gottlos*[52]. Doch, so mögen wir jetzt vielleicht fragen: Weshalb gibt es dann überhaupt so viel Leid und Elend, wenn Gott damit nichts zu tun hat? Die biblischen Erzähler beantworteten diese Fragen damit, dass sie in ihre Erzählung vom Paradies – ganz neu! – den *Baum der Erkenntnis* einfügten.

b) Der Baum der Erkenntnis

In der Paradieserzählung lesen wir (in unseren Bibelausgaben):

»Gott, der Herr, ließ aus dem Ackerboden allerlei Bäume wachsen, verlockend anzusehen und mit köstlichen Früchten, in der Mitte des Gartens aber den Baum des Lebens und den Baum der Erkenntnis von Gut und Böse. ... Dann gebot

Gott, der Herr, dem Menschen: Von allen Bäumen des Gartens darfst du essen, doch vom Baum der Erkenntnis von Gut und Böse darfst du nicht essen; denn sobald du davon isst, wirst du / musst du sterben.« (Genesis / 1 Mose 2,9.16f.)

Frage: Fürchtete Gott die Ebenbürtigkeit der Menschen? Hatte er ihnen deshalb verboten, vom Baum der Erkenntnis zu essen, und hatte er ihnen deshalb den Tod angedroht, falls sie sich nicht an sein Verbot halten würden? Es wäre verständlich, wenn wir so fragen wollten, doch in diesem Fall hätten uns unsere Übersetzungen wieder einmal in eine falsche Richtung denken lassen. Wir finden es vielleicht großartig, dass Gott dem Menschen mit einer *einzigen* Ausnahme erlaubt, von allen Bäumen des Paradieses zu essen: »Von allen Bäumen des Gartens *darfst du* essen, nur vom Baum der Erkenntnis von Gut und Böse *darfst du nicht* essen.« Doch so hatte Gott (nach den biblischen Erzählern) nicht zu Adam gesprochen. Unsere Übersetzung bringt einen falschen »Zungenschlag« in Gottes Wort; denn die hebräische Sprache kennt weder das Wort »dürfen« noch das Wort »müssen«. Genau wiedergegeben lautet Gottes Wort: »Von allen Bäumen des Gartens wirst du essen, (ja) essen. Nur vom Baum der Erkenntnis von Gut und Böse wirst du / sollst du nicht essen; denn am Tag, an dem du davon isst, wirst du sterben, (ja) sterben.«
Wir missverstehen also den biblischen Erzähler, wenn wir ihm unterstellen, nach seinem Empfinden habe Gott dem Adam bestimmte Dinge erlaubt und andere wiederum unter Androhung der Todesstrafe verboten. Nein, Gott ging es (nach Überzeugung des biblischen Erzählers) von Anfang an einzig und allein um das Leben und das Glück des Menschen. Daher genau übersetzt: »Du wirst essen, ja essen! [Also: greif zu!]«. Daher aber auch: »Nur von diesem einen Baum wirst du / sollst du nicht essen;

denn sonst wirst du zwangsläufig sterben. [Das heißt: Von diesem Baum zu essen, ist tödlich – und ich, Gott, will nicht, dass du dein Leben verlierst. Lass also die Finger davon!]«

Aber weshalb hatte Gott dann (menschlich gefragt) diesen lebensgefährlichen »Baum der Erkenntnis von Gut und Böse« überhaupt wachsen lassen? Hier müssen wir uns ein Doppeltes klar machen:

Erstens: Einen solch lebensgefährlichen *Baum* gibt es nur in dieser einen biblischen Erzählung. Von Bäumen, Kräutern und Speisen, die in der Lage gewesen wären, den Menschen ewiges Leben zu vermitteln, ist auch außerhalb der Bibel oftmals die Rede. Doch nirgendwo sonst begegnet uns eine Parallele zu dem Baum der Erkenntnis von Gut und Böse. Dieser Baum wurde also zum ersten und einzigen Mal von dem Erzähler der Paradiesgeschichte »erfunden« und eigens in diese Erzählung eingebracht. Und weshalb?

Wir verstehen dies besser, wenn wir als *Zweites* bedenken: Die Wörter »erkennen / Erkenntnis« bezeichnen in der hebräischen Sprache nicht nur den bloßen Denkakt, sie meinen vielmehr das Erkennen, das sich im sachgemäßen Umgang mit dem Erkannten verwirklicht. (Wer beim Unkrautjäten die Hand blitzartig zurückzieht, hat vielleicht nicht erkannt, dass er es mit einer Brennnessel zu tun bekommen würde!) »Der Baum der Erkenntnis von Gut und Böse« verkörpert damit die Fähigkeit, zwischen Gutem und Bösen, zwischen Lebensförderlichem und Lebensabträglichen unterscheiden und sich deshalb jeweils sachgemäß, also gut und richtig verhalten zu können.

Wir entschärfen demnach die Brisanz dieses Baumes, wenn wir annehmen, er verkörpere lediglich das kognitive Wachstum – Gott habe also die Menschen in einem »naiven Kinderglauben« halten wollen, als er ihnen gebot, nicht von den Früchten dieses

Baumes zu essen. Weit mehr steht auf dem Spiel: Wer nach den verlockenden Früchten dieses paradiesischen Baumes greift, meint, durch ihren Genuss »so gescheit wie Gott« zu werden[53] und deshalb nach *eigenem* Gutdünken entscheiden zu können, wie man am besten mit diesem oder jenem umgeht, da man ja nun ungefragt zu wissen meint, wozu dieses oder jenes gut und brauchbar sein und verwendet werden könnte.

Gewiss eine verlockende Versuchung! Doch wer ihr nachgibt, läuft Gefahr, wie einst Adam und Eva das mögliche Paradies zu verspielen und Unheil zu schaffen. Ein modernes Beispiel:

Viele Menschen stehen vor allem der Armut und dem Elend der Kinder in der Welt keineswegs gleichgültig gegenüber. Sie sind nachweislich gerne bereit, durch ihre Spenden weltweit zu helfen. Deshalb hatte es sehr verhängnisvolle Auswirkungen, als man Anfang Februar 2008 in der Presse lesen konnte: »Spesen-Affäre wirft Schatten auf UNICEF. Ein Kölner Staatsanwalt verfolgt den Untreue-Verdacht. Sechsstellige Beraterhonorare, ein luxuriöses Bauprojekt, überbordende Verwaltungskosten.« Die Folge: Mehr als 38.000 ihrer 220.000 Fördermitglieder verlor UNICEF in den ersten fünf Monaten des Jahres 2008.[54] Offensichtlich hatten die gerne geleisteten Spenden in den Augen vieler ihren Sinn verloren – trotz aller Rechtfertigungsversuche beim Deutschen Komitee des Kinderhilfswerks UNICEF.

Derartige Probleme kennt der Verein »Die Arche – Christliches Kinder- und Jugendwerk e. V.« nicht. Es wurde 1995 von Pastor Bernd Siggelkow ins Leben gerufen, der in einer leer stehenden Schule inmitten einer Plattenhaussiedlung im Ostberliner Stadtteil Heilersdorf seine »Kidsküche« gründete, die er bis heute allein mit Hilfe von Spenden betreiben kann. Die Bezeichnung »Suppenküche« wird in der Arche bewusst vermieden, da sie meist mit Obdachlosen assoziiert wird. Da die Arche sich aber hauptsächlich an Kinder, Jugendliche und deren Eltern wendet, wird die kostenlose Essensausgabe der Arche eben »Kidsküche« genannt. Inzwischen ist die Arche freilich wesentlich mehr als nur eine Küche für täglich über 200 bedürftige Kinder. Sie wurde zu einem Ort, an dem – dank vieler freiwilliger Helfer – benachteiligte Kinder eine Zuflucht, ein offenes Ohr für ihre Probleme und einen Halt finden, der ihnen zu Hause oftmals fehlt.

Doch damit nicht genug: Immer mehr Spenden ermöglichten es, im Bezirk Friedrichshain und Kreuzberg eine zweite Arche zu eröffnen – und auch dort liegen schon knapp 150 Anfragen für ein regelmäßiges Mittagessen vor. Das aber zeigt:
Wo Spenden ihren eigentlichen »mitgegebenen« Sinn erfüllen und nicht nach Gutdünken eigenwillig verbraucht werden, ist es offensichtlich möglich, Menschen dafür zu gewinnen, »ein Stückchen Paradies« zu schaffen.

Damit haben wir aber eine erste, wegweisende Antwort auf die oben gestellte Frage gefunden. Wir fragten: Wenn es wirklich nicht Gottes Wille gewesen sein sollte, dass es in seiner Schöpfung seit Beginn oftmals so viel Leid und Elend gibt, was ist dann die Ursache dafür? Wenn Gott wahrhaftig ein Paradies wollte, weshalb können wir dann bis heute davon nur träumen?
Nun, angenommen, alles, was ist, trägt – wie jede Spende durch den Willen des Spenders – bereits einen bestimmten Sinn in sich, weil alles »sozusagen ›Atem Gottes‹ ist«[55], kann es dann nicht so sein: Alles Seiende kann dort seinen Sinn *nicht* verwirklichen, wo wir Menschen es rücksichtslos nach unserem eigenen Gutdünken verwenden und einsetzen – in der Überzeugung, allem einen Sinn, *unseren* Sinn, geben zu können, sodass wir es nicht mehr nötig hätten, uns »von anderswoher« sagen zu lassen, was wir

mit dem zur Verfügung Stehenden tun können und was wir lassen sollten? Und so verspielen wir immer wieder das Paradies, weil wir auch heute noch wähnen, von uns aus *nach eigenem Gutdünken* bestimmen zu können, was in unserem privaten und gesellschaftlichen Leben, im Bereich der Politik, der Wirtschaft und der Technik gut und was böse, was lebensförderlich und was lebensabträglich sein soll. Das ist es, was uns die Bibel mit ihrer Erzählung vom Paradies bewusst und klar machen möchte.
Für diese Auskunft spricht eine weitere Besonderheit im Glauben des Volkes Israel.

15.3 Nicht gehorchen, hören!

Es war einer jener eigenartigen Zufälle: Eine Predigt stand an – beim 4. Kurs des Tübinger Wilhelmsstifts, in dem vor allem die Studenten leben, die nach Abschluss ihres Studiums ins Priesterseminar nach Rottenburg wechseln. Zur Vorbereitung der Predigt schaute ich wie üblich nach, welche Lesungen im Gottesdienst an diesem Tag vorgesehen waren: 1 Samuel 15,16–23 und Markus 2,18–22. Und dann traute ich meinen Augen nicht:
Die erste Lesung handelte von »Sauls Verstoßung«, die der Prophet Samuel Saul gegenüber (nach unseren Bibelübersetzungen) folgendermaßen begründete:

> »Hat der Herr an Brandopfern und Schlachtopfern das gleiche Gefallen wie am Gehorsam gegenüber der Stimme des Herrn? Wahrhaftig, Gehorsam ist besser als Opfer, Hinhören besser als das Fett von Widdern.« (1 Samuel 15,22)

Gab es – zumindest in bischöflichen Ohren! – einen besseren Text für zukünftige Priester als eben diesen: »Hat der Herr an Brandopfern und Schlachtopfern das gleiche Gefallen wie am Gehorsam gegenüber der Stimme des Herrn? Wahrhaftig, Gehorsam ist besser als Opfer!«? – Auf einen anderen Predigttext auszuweichen, der mir besser gepasst hätte, wäre unaufrichtig und feige gewesen.

Doch da meldeten sich – Gott sei Dank! – die Sätze zurück, mit denen man es normalerweise begründete, weshalb auch »einfache Priester« und die »ganz normale Pastoralreferentin« die biblischen Texte in ihrer Ursprache, in Hebräisch und Griechisch, lesen können sollten: »Wenn Sie über einen wichtigen Text zu predigen haben oder wenn es um das exakte Verständnis eines biblischen Sachverhalts geht, sollten sie den Urtext zu Rate ziehen können. Trauen Sie keiner Übersetzung!« Und so griff ich eben auch zu meiner hebräischen Bibel, las den Text und – traute meinen Augen nicht. Genau übersetzt lautete Samuels Wort an Saul nämlich: »Hat der Herr an Brandopfern und Schlachtopfern das gleiche Gefallen wie am *Hören* auf die Stimme des Herrn? Siehe, *hören* ist besser als [die] Opfer, *aufmerken* besser als Fett von Widdern!« Tätigkeiten sind hier gefordert: »hören / aufmerken«, nicht eine Haltung oder eine Verfassung, die wir mit dem Wort »Gehorsam« bezeichnen.

Glücklicherweise hatte ich mit der Predigtvorbereitung rechtzeitig begonnen, und so blieb mir Zeit, auch noch einen größeren Teil der Stellen nachzuschlagen, an denen in unseren geläufigen deutschen Übersetzungen des Alten Testaments die Wörter »gehorchen / Gehorsam« beziehungsweise »nicht gehorchen / Ungehorsam« begegnen. Das Ergebnis war niederschmetternd: Wo immer wir in unseren Übersetzungen der hebräischen Teile des Alten Testaments die Wörter »gehorchen / Gehorsam« beziehungsweise »nicht gehorchen / Ungehorsam« lesen, begegnen wir *den Deutungen* der einzelnen Übersetzer; denn im Urtext ist immer und jedes Mal *nur vom Hören* die Rede. Das aber bedeutet doch:

Es sind *die Übersetzer* unserer Bibel, die bei uns mehr oder weniger häufig – in der *Luther-Übersetzung* ca. 150 mal; in der *Zürcher-Bibel* lediglich ca. 60 mal und in der *Einheitsübersetzung* nur noch ca. 30 mal – den Eindruck erwecken, als ob es in unserem Leben immer wieder und im Leben mit Gott vor allem um den Gehorsam gehen würde. Dabei will Gott – wenn wir die Erfahrung der Menschen im alten Israel ernst nehmen – nur eines von uns: *Dass wir hören*! Nicht zufällig beginnt Israels Glaubensbekenntnis mit der Aufforderung: »Höre, Israel!« (Deuteronomium / 5 Mose 6,4) Und es war gewiss auch kein Zufall, dass Jesus seine Mitmenschen zu keiner Zeit und an keiner Stelle zum Gehorsam aufforderte! Sein Ruf lautete vielmehr: »Wer Ohren hat zu hören, der höre!« (Markus 4,9)

Nun kann man natürlich fragen: Handelt es sich nicht um eine reine Wortklauberei, wenn man so stark zwischen »hören« und »gehorchen« trennt? Hören oder gehorchen – gemeint ist doch immer das Gleiche! Wenn ein Vorgesetzter von seinen Untergebenen erwartet, dass sie auf ihn hören, dann erwartet er letztlich eben doch, dass sie tun, was er sagt! Zugegeben, das mag in nicht wenigen Fällen durchaus so sein, das ändert aber nichts daran, dass es ein großer Unterschied ist, ob jemand auf einen anderen hört, oder ob er ihm gehorcht. Auch dafür ein Beispiel:

Angenommen, man wäre in einer größeren Stadt bei einem Imbissstand beschäftigt, der auch noch nachts bis zur Sperrstunde im Betrieb ist – da sieht man eines Nachts, wie sich eine Gruppe Jugendlicher nähert, von denen zumindest ein größerer Teil noch unter das Jugendschutzgesetz fallen dürfte, und sie alle haben ganz offensichtlich schon ziemlich stark dem Alkohol zugesprochen, und nun bestellen sie auch noch neue Drinks: »Es sind doch Ferien! Wir wollen doch nur Spaß! Ja, wir geben richtig Gas!«

Wie dann reagieren? Vorsichtshalber bereits eine Polizeistreife benachrichtigen und den weiteren Alkoholausschank mit dem Hinweis auf das Jugendschutzgesetz verweigern? Also dem Gesetz gehorchen – oder hören? Im Blick auf diese Schar kreischender Mädchen und grinsender, teilweise auch schon lallender Jungs *auf das hören*, was den Gesetzgeber zu seinem Verbot veranlasst hatte: Die Sorge um die physische und psychische Gesundheit der Jugendlichen und die Angst vor jener unheilsamen Verquickung von gesundheitlichen und sozialen Problemen, die sich auch bei diesen Jugendlichen einstellen könnten, wenn sie »so weitermachen«? *Auf diese Sorge hören*, die »hinter« dem Gesetz steckt!?

Das würde freilich bedeuten, sich nicht einfach auf das Gesetz zu berufen, das man eben zu befolgen habe, sondern es wenigstens zu versuchen, mit der Gruppe ins Gespräch zu kommen, um sie (vielleicht) selbst davon zu überzeugen, dass es nun wohl doch genug sei. Das freilich könnte nur gelingen, wenn man zuvor die Einzelnen hätte etwas genauer ansehen können – wo man vielleicht anknüpfen und sie im Guten erreichen könnte.

Selbst wenn wir einem solchen Versuch keine Chance einräumen und es deshalb für wenig wahrscheinlich halten sollten, dass ein Imbiss-Verkäufer sich tatsächlich in der geschilderten Weise Gedanken machen und verhalten könnte – dieses ja nicht völlig unmögliche Beispiel zeigt dennoch, was in allen Fällen gilt: Wer nicht einfach einer Person oder einem Gebot gehorcht, wer viel-

mehr das in Blick nimmt, was zu einem bestimmten Gebot oder Gesetz geführt hat und deshalb auf das hört, was in dem jeweiligen Gebot oder Gesetz zur Sprache kommt, erlebt sich stets »zwischen zwei Fronten«: Zwischen dem, der ihn anspricht und der ihm seinen Willen kundtut, und dem, an dem er den Willen des anderen verwirklichen soll. Dazu aber ist es nötig, dass der Angesprochene, der hört und nicht einfach gehorcht,
a) nicht am Buchstaben klebt, sondern das Anliegen dessen sich zu Herzen nimmt, der ihn angesprochen hat, und
b) sich – im Idealfall möglichst genau – auf die Möglichkeiten der »anderen Seite« besinnt und einstellt.

Was folgt aus alledem?
Wenn es tatsächlich die positiven Möglichkeiten des Lebens sind, in denen Gottes Reich in unserer Welt gegenwärtig ist, und wenn der Sinn, den diese Möglichkeiten von Anfang an haben, darin besteht, dass Gott als der erfahrbar wird, »der seine Sonne aufgehen lässt über Bösen und Guten, und der regnen lässt über Gerechte und Ungerechte« (Matthäus 5,45), *dann* wird Jesu Botschaft von der Gegenwart des Reiches Gottes dort verstanden und ernstgenommen, wo ein Mensch *zum einen* danach Ausschau hält und darauf hört, welche Möglichkeiten ihm in seinem privaten Leben, in seinem gesellschaftlichen Umfeld, im Beruf und im Leben ganz allgemein gegeben sind, um Gott in seinem Wohlwollen in unserer Welt erfahrbar zu machen, und wo er *zum anderen* sich klar macht, welche Bedingungen er erfüllen muss, um den Verstand und das Herz derer zu erreichen, die er dafür gewinnen möchte, Gott als den tragenden und prägenden Grund ihres Lebens auf- und anzunehmen.

Zugegeben, das ist wohl in den wenigsten Fällen selbstverständlich und einfach. Ein solcher Lebensstil bedarf wohl immer einer Gemeinschaft als Basis und Umfeld.

16. Herzen, die lieben

Es bleibt eine letzte Frage: Auch ohne Jesu Botschaft von der Gegenwart des Reiches Gottes erkannten die Menschen in den vergangenen Jahrtausenden, dass es in der Welt und im Leben eine ungeahnte Zahl von positiven Möglichkeiten gibt. Dennoch ist es bis heute nicht gelungen, auf Dauer eine immer bessere, heilere Welt zu schaffen. Ist es da nicht weltfremd und naiv, zu glauben, wir könnten wenigstens in der Zukunft unsere Welt so gestalten, dass die Menschen es irgendwann einmal leibhaftig erfahren können: »Die Zeit ist voll, das Reich Gottes ist da!« (Markus 1,15)? Auch auf diese Frage gibt es im Leben Jesu eine wegweisende Antwort.

16.1 Was möglich wäre, aber nicht sein muss

Wir kennen wohl alle die Geschichte vom sogenannten reichen Jüngling:

»Als sich Jesus wieder auf den Weg machte, lief ein Mann auf ihn zu, fiel vor ihm auf die Knie und fragte ihn: Guter Meister, was muss ich tun, um das ewige Leben zu gewinnen? Jesus antwortete: Warum nennst du mich gut? Niemand ist gut außer Gott, dem Einen. Du kennst die Gebote: ›Du sollst nicht töten, du sollst nicht die Ehe brechen, du sollst nicht stehlen, du sollst nicht falsch aussagen, du sollst keinen Raub begehen; ehre deinen Vater und deine Mutter‹.« (Markus 10,17–19)

Wer all das tut, tut Gutes. Wer all das tut, gewinnt das ewige Leben. Er kann sicher sein, nach seinem Tod »in den Himmel« zu kommen. Mehr wird nicht verlangt. Damit war die Frage des jungen Mannes eigentlich beantwortet. Er hätte guten Gewissens gehen können. Es ist ganz wichtig, dass wir uns dies klar machen. An diesem Punkt könnte unsere Geschichte abbrechen.

Der Mann hatte von Jesus erfahren, was er wissen wollte. Dass dann die Geschichte dennoch weiterging, lag nicht an Jesus – so als ob ihm eingefallen wäre, doch noch etwas sehr Wichtiges vergessen zu haben. Es lag an dem Mann, dass das Gespräch weiterging; denn »er erwiderte Jesus: Meister, all diese Gebote habe ich von Jugend an befolgt.« Es ist, als ob der Mann einwenden wollte: »Ja ist das alles? Ich habe das Gefühl, dass mir noch etwas fehlt. Die Gebote tun – das füllt einen doch nicht aus. Das kann doch nicht schon alles sein!«

Da, in diesem Moment, veränderte sich Jesu Einstellung zu diesem Mann; denn genau und wörtlich übersetzt heißt es nun im Evangelium: »Jesus aber, nachdem er ihn angesehen hatte, begann ihn zu lieben und er sagte zu ihm: Eines mangelt dir. Auf, verkaufe, was du hast und gib es den Armen, und du wirst einen

Schatz im Himmel haben; dann komm und folge mir!« (Markus 10,21)

An diesem Punkt sollten wir kurz einhalten und uns bewusst machen: Jesus forderte den jungen Mann nicht auf, seinen Besitz zu verkaufen und den Erlös den Armen zu geben, weil der Reichtum an sich etwas Schlechtes wäre. Dann hätte Jesus ja auch schon früher die verschiedenen reichen Gastgeber, die ihn und seine Jünger eingeladen hatten, in gleicher Weise zum Verkauf ihres Besitzes auffordern müssen. Doch allem Anschein nach hatte Jesus die jeweiligen Gastmähler so sehr genossen, dass von ihm gesagt werden konnte, er sei »ein Fresser und Säufer« (Matthäus 11,19). Nein, Jesus forderte jenen jungen Mann nicht deshalb auf: »Verkaufe, was du hast und gib es den Armen!«, weil der Reichtum eine Gefahr für das ewige Leben gewesen wäre, sondern weil er ihn, nachdem er ihn angeschaut hatte, liebgewann. Deshalb wollte er ihn bei sich in der Gemeinschaft seiner Jünger und Jüngerinnen haben. Dies aber wäre nur möglich gewesen, wenn der junge Mann zuvor seinen ganzen Besitz verkauft und den Erlös den Armen gegeben hätte.

Weshalb diese »Aufnahmebedingung«?

Nun, hätte der junge Mann seinen Reichtum behalten, hätte dieser logischerweise auch weiterhin sein Leben und Verhalten, seine Aktivitäten und seine gesellschaftliche Rolle bestimmt – und dabei hätte es durchaus genügt, die Zehn Gebote zu beachten. Wer freilich in der Gemeinschaft von Jesu Jüngerschar leben wollte, musste zu einem anderen Lebensstil bereit sein, sichtbar an einer weiteren Besonderheit in Jesu Verkündigung.

16.2 So wächst Gottes Reich

Versucht man, Jesu Verkündigung nach Adressaten und Inhalt ein wenig aufzulisten, ergibt sich folgende Einteilung:

a) Worte und Gleichnisse, die die Gottesherrschaft, das Himmelreich zum Thema haben (z. B. Markus 4,26–32; Matthäus 13,44–46; Lukas 17,20f.);

b) Worte und Gleichnisse, mit denen Jesus sein Verhalten einsichtig zu machen und zu verteidigen sucht (z. B. Markus 2,18–3,6; Matthäus 20,1–16; Lukas 15);

c) Worte an diejenigen, die zu ihm kommen und die ihm nachfolgen wollen (z. B. Markus 8,34–38; Matthäus 8,18–22; Lukas 14,25–35);

d) Worte an diejenigen, die ihm nachgefolgt sind (z. B. Markus 10,35–44; Matthäus 5–7);

e) Antworten auf Fragen, die an ihn herangetragen wurden (z. B. Markus 10,2–12.13–16; Lukas 10,25–37).

Schon dieser grobe Überblick zeigt, dass Jesus in seiner Verkündigung *von sich aus* und ungefragt eigentlich nur eines kannte: *seine* Botschaft und deren Konsequenzen. Andere Probleme, die es ja auch gegeben hatte – zum Beispiel die Gestaltung des politischen, gesellschaftlichen oder wirtschaftlichen Lebens seines Volkes –, beschäftigten Jesus von sich aus ganz offensichtlich nicht!

Achtet man nun des Weiteren genauer darauf, was denn Jesus – unter Umständen auch in neuer Weise – von sich aus konkret geboten hat, zeigen sich folgende Weisungen:

- nicht zu zürnen (Matthäus 5,21f.);
- nicht zu richten, sondern einander zu vergeben (Lukas 6,37–42);

- auch die Feinde zu lieben (Matthäus 5,43–48);
- nicht die Frau des Nächsten zu begehren (Matthäus 5,27f. – In Jesu Jüngerschar lebten ja auch verheiratete Männer und Frauen in einer ganz neuen Gemeinschaft zusammen!);
- absolut zuverlässig zu sein (Matthäus 5,37);
- einander zu dienen, gerade wenn man etwas Besonderes sein möchte (Markus 9,33–35; 10,35–44);
- keinen Anstoß zu geben (Markus 9,42f.);
- sich vor dem »Sauerteig der Pharisäer und Herodianer« (d. h. vor deren theologischen und gesellschaftlichen Entwürfen) zu hüten (Markus 8,15);
- sich nicht unnötig zu sorgen (Matthäus 6,24–34).

Fragt man, was Jesus bewogen haben könnte, gerade diese Weisungen auszusprechen und welche Ziele Jesus mit ihnen verfolgt haben könnte – was also ihr ursprünglicher »Sitz im Leben« gewesen sein könnte –, dann führen *alle* Antworten auf den Jüngerkreis hin: auf *seine* Nöte und Schwierigkeiten, auf *seine* Chancen und Bedürfnisse. Mit diesen Weisungen wollte Jesus zeigen, in welcher Weise diejenigen leben sollten, die ihre alte Welt hinter sich gelassen haben, weil sie mit Jesus darauf vertrauen, dass Gottes Reich gegenwärtig ist und die deshalb dieses zu ihrer neuen Basis und zu ihrem neuen Lebensraum machen möchten.

Versucht man nun, den roten Faden zu entdecken, der all diese Weisungen verbindet – der ihnen also ihr »Reich-Gottes-Charakteristikum« verleiht –, kann man sicherlich Folgendes sagen: Den Jüngern und Jüngerinnen, die sich dem Reich Gottes entsprechend verhalten sollen, wird alles untersagt, was das menschliche Zusammenleben und Zusammenwirken gefährdet oder ganz unmöglich macht, selbst wenn die zornige Verweigerung der Gemeinschaft und der Vergebung verständlich und durchaus zu rechtfertigen wäre. Und es wird ein Verhalten geboten, das immer neu Vertrauen schafft und aufbaut.

Eine weltfremde Zumutung? Gewiss nicht! Und weshalb?

Die Antwort finden wir, wenn wir uns noch einmal auf den grundlegenden Unterschied zwischen Johannes dem Täufer und Jesus besinnen[56]: Es ist ja nicht so – wie manches Mal etwas zu vereinfachend gesagt wird –, als ob der Täufer einfach das Gericht, Jesus aber das Evangelium verkündet hätte. Auch für den Täufer war die Zukunft ja nicht *nur* bedrohlich und negativ. Wer sich von ihm taufen ließ, hatte auch in seinen Augen eine *gute* Zukunft. Nur, diese Zukunft hatte zur Gegenwart hin keine Verbindung. Man musste sich wenigstens von Teilen der eigenen Gegenwart und Vergangenheit *trennen*, um die Zukunft gewinnen zu können.

Für Jesus hingegen war allein maßgebend, dass Gott heute schon als der in Israel gegenwärtig war, der (bildlich gesprochen) in die Arme schließen und aufrichten will, gleichgültig, welche Vergangenheit die Einzelnen auch mitbringen. Dieses zuverlässige, treue Entgegenkommen *ist* das Lebensgesetz des Reiches Gottes, und deshalb kann es dort, wo es unter uns begonnen hat, nur bewahrt werden und wachsen, wenn die, die heute schon daran teilhaben, diesem Gesetz entsprechen. In diesem ganz praktischen Sinn versteht beispielsweise auch Karoline Mayer, die in den Slums von Chile in der Militärdiktatur bei den Armen blieb und dort ein großes soziales Netzwerk aufbaute, das Reich Gottes:

> »Wenn Jesus vom Reich Gottes spricht, und ich oft sage, lasst uns am Reich Gottes bauen, dann heißt das für mich: Lasst uns mitarbeiten auf dieser Welt, dass Strukturen geschaffen

werden, in denen alle Menschen möglichst glücklich und zufrieden werden, dass alle Menschen in Frieden leben können. Strukturen, in denen Leben nicht zerstört wird, sondern erhalten und gepflegt wird. Liebe lässt keine Zerstörung zu.«[57]

Nicht weil es fromm klingt, ist die Mahnung zur bedingungslosen Liebe, zum Vergeben und zum Dienen der rote Faden in den Weisungen Jesu an seine Jünger und Jüngerinnen, sondern weil das Reich Gottes von seinem Wesen her einfach kein anderes Verhalten zulässt. Das und nur das ist *sein* Lebensgesetz. Gewiss, wo immer Menschen sich dafür gewinnen lassen, »das mit dem Reich Gottes« einmal genauer zu versuchen, beginnt für sie keineswegs der Himmel auf Erden. Auch die so entstehende Gemeinschaft bleibt ein Stück dieser Welt. Doch sind die, die sie gemeinsam beginnen, *bereit, unbeirrt zu versuchen*, bei allen unvermeidlichen Schwierigkeiten, Problemen und Entfremdungen nach den zuvor genannten Maßstäben miteinander umzugehen, zeigt sich nach aller Erfahrung nicht nur, dass das Leben *ungeahnt Positives* in sich birgt, dann entsteht aus diesen Möglichkeiten auch eine neue Welt: Gottes Reich mitten in der »alten« Welt.

Wo immer mit dem Leben im Geist jener Weisungen umgegangen wird, die Jesus seinen Jüngern und Jüngerinnen gab, gelingt das Leben nicht deshalb, weil zuvor abgebrochen, ausgeschieden und vernichtet wurde, sondern weil unser Leben im Grunde *seiner Anlage nach* die Möglichkeit in sich trägt, zusammenzufinden, sich aufzubauen und sich zu vollenden – und dies unabhängig davon, ob die einzelnen an die Existenz eines Gottes glauben. Wer im Licht der Botschaft Jesu *seine* Welt betrachtet, muss nicht länger nach dem möglichen Sinn und der Erfüllung seines Lebens fragen. Das Wissen darum ist das eigentliche Erbe, das wir Jesus verdanken.

Teil V
Der Sinn des Christentums

17. Gott zur Geltung bringen

Die Ausgangsfrage am Beginn dieses Buches lautete: Wenn Jesus nicht nach Gottes Willen am Kreuz als Opfer und Sühne für die Sünden aller Menschen starb, worin könnte dann die Bedeutung seines Lebens und Wirkens für uns Menschen heute bestehen? Gibt es dann überhaupt noch einen wirklichen Grund für die Existenz der *christlichen* Kirchen und Glaubensgemeinschaften? Die Antwort auf diese Frage dürfte jetzt nicht mehr schwerfallen: Wenn wir Menschen Jesus von Nazaret etwas verdanken, das für unser Leben jederzeit in besonderer Weise hilfreich und wertvoll sein könnte, dann ist es seine Botschaft: »Gottes Reich ist *da*!«[58] Denn diese Botschaft besagt: Alles, was in uns und um uns ist, trägt die oft noch unbekannte oder übersehene Möglichkeit in sich[59], zu einem Baustein jener Welt zu werden, in der sich Gott als der zu erfahren geben kann und zu erfahren gibt, der keinem sein Wohlwollen und seine Güte vorenthält, der vielmehr »seine Sonne aufgehen lässt über Bösen und Guten, und der regnen lässt über Gerechte und Ungerechte.« (Matthäus 5,45)

In dieser Weise das Leben sehen und deshalb der Welt begegnen und sich mit ihr beschäftigen zu können, um letztendlich Gott und Gottes Güte an den Tag zu bringen und erfahrbar zu machen, verdanken wir niemandem so klar wie Jesus von Nazaret. Seinetwegen können – und sollen! – wir in einem unbeirrbaren Vertrauen auf die Macht der Liebe und Güte mit wachen Sinnen, mit aller Phantasie und mit aller Schärfe des Denkens und mit unserem ganzen Vermögen danach Ausschau halten und darauf hören, welch unerschöpfliche Möglichkeiten uns gegeben sind, eine heilvolle Welt zu schaffen.

Freilich – und auch daran ließ Jesus von Nazaret keinen Zweifel –, all diese positiven Möglichkeiten werden ihren Sinn nur erfüllen (können), wenn wir sie nicht eigenwillig nach unserem Belieben auswählen und realisieren, sie vielmehr im Licht der Botschaft Jesu als heilvolle Antworten auf existierende Bedürfnisse und Nöte wahrnehmen und verwirklichen.

Ein bemerkenswertes Beispiel dafür bietet das Werk des ehemaligen Polizeihauptkommissars Heinz Lechner aus Schelklingen im Alb-Donaukreis (Baden-Württemberg).[60]

Um nach seiner Pensionierung nicht in das berühmte schwarze Loch zu fallen, aber auch, um anderen Menschen von dem Guten, das er erfahren hatte, zurückzugeben, ließ Heinz Lechner sich 2001 als Kirchengemeinderat aufstellen und wählen. In dieser Zeit kam Pfarrer Christudas aus der südindischen Provinz Tamil Nadu immer wieder als Urlaubsvertretung nach Schelklingen. Als Ingrid Lechners Mutter starb, lernten Frau und Herr Lechner den indischen Geistlichen als einen sehr warmherzigen und gewinnenden Menschen kennen, sodass sie mit ihm auch noch nach Beendigung seiner Promotion in Rom und seiner Rückkehr nach Südindien in Kontakt blieben. Dort übernahm Pfarrer Christudas zwei Kirchengemeinden in Thuckalay.

Und dann kam am 26. Dezember 2004 die Flutkatastrophe im Indischen Ozean. Heinz und Ingrid Lechner waren sehr in Sorge um ihren indischen Freund. Am 29. Dezember erreichte der Schelklinger endlich Pfarrer Christudas telefonisch. Dieser berichtete ihm, welches Leid die Flutwelle über die benachbarten Dörfer gebracht hatte. Spontan sagte Heinz Lechner seine Hilfe zu und sammelte dann bis März 2005 gleich 16.000 Euro, wovon Pfarrer Christudas mit Zustimmung seines Bischofs Georg acht Häuser baute. In diese zogen die vom Tsunami geschädigten Familien ein.

Die Häuser waren sozusagen die Initialzündung. Die dortige St. Mary's Schule, in die vor dem Tsunami 70 Kinder gingen, musste nach der Flutkatastrophe 350 Kinder aufnehmen, da die Küstenschulen vollkommen zerstört waren. Viele Kinder wurden zu Vollwaisen. Um für die Kinder eine gewisse Nachhaltigkeit zu garantieren, rief Heinz Lechner eine Patenschaft ins Leben. Für 50 Euro im Jahr ermöglicht diese Patenschaft einem Kind den Schulbesuch. Das Geld ist an die St. Mary's Schule gebunden und wird für Lehrmittel, Lehrergehalt, ärztliche Betreuung und eine warme Mahlzeit pro Tag verwendet. Bis zum April 2012 ist der Patenbestand auf 543 gezeichnete Patenschaften gestiegen. Das heißt, dass jedes Jahr über 21.500 Euro an die Schule gehen; denn für das ganze Projekt fallen dank des Engagements des Ehepaares Lechner keinerlei Verwaltungskosten an. Jeder Euro wird ohne Abzug nach Indien überwiesen und findet Verwendung für den bestimmten Zweck.

Doch damit gab sich Heinz Lechner noch nicht zufrieden. Er organisierte Benefizkonzerte mit den örtlichen Vereinen. So konnte die St. Mary's Schule ausgebaut werden. In einem ehemaligen Fabrikgebäude entstand ein Waisenhaus für 40 Jungen und mit einem Spendenaufkommen von 70.000 Euro konnte ein

Waisenhaus für 90 Mädchen gebaut werden – und dies alles, weil Heinz Lechner und Pfarrer Christudas die vorhandene *Möglichkeit* erkannten, ernstnahmen und realisierten. Auf diese Weise wurde Gottes Reich in unserer Welt heute gegenwärtig.

Von dieser Möglichkeit in aller Welt zu künden und dafür zu jeder Zeit und an allen Orten unbeirrt einzutreten – das macht den eigentlichen Sinn des Christentums aus.

Anmerkungen

1 Zur Übersetzung siehe Seite 36.
2 Vgl. dazu unten Seite 89.
3 Wenn auf den folgenden Seiten immer wieder von Gott die Rede ist, dann wird Gottes Existenz nicht einfach aus irgendwelchen biblischen, dogmatischen oder philosophischen Thesen abgeleitet. Ich gehe [als Schwabe!] einfach davon aus: »Von nix kommt nix [von nichts kommt nichts]!«, oder positiv ausgedrückt: Was immer existiert, hat einen letzten Grund – und er ist gemeint, wenn das Wort »Gott« verwendet wird. »Gott« meint stets: Der Ursprung, dessen Wille, Kraft und Wesen gleichsam die Seele in allem ist.
4 Siehe Seite 87–90: Das Evangelium des Paulus: Der Schutzmantelchristus.
5 Jubiläenbuch 2,18–22. Übersetzung nach Klaus Berger, Das Buch der Jubiläen. Jüdische Schriften aus hellenistisch-römischer Zeit II/3, Gütersloh 1981, 328–330.
6 Robert Raphael Geis, Vom unbekannten Judentum, Freiburg ²1975, 37.
7 Vgl. dazu Michael Theobald, »Ich sah den Satan aus dem Himmel stürzen ...«, in: Biblische Zeitschrift 49 (2005), 174–190.
8 Vgl. Hermann L. Strack / Paul Billerbeck, Kommentar zum Neuen Testament aus Talmud und Midrasch, Band IV/1, München ⁴1955, 501–535.
9 Dies gilt trotz Markus 3,22–30, da wir es in diesem Text mit einer nachösterlichen Diskussion zu tun haben, in der es um die Disqualifikation der Wunder geht, die *im Judentum* (vgl. Markus 9,38–41) im Namen Jesu gewirkt wurden; vgl. Meinrad Limbeck, Beelzebul – eine ursprüngliche Bezeichnung für Jesus?, in: Helmut Feld (Hg.), Wort Gottes in der Zeit (Festschrift Karl-Hermann Schelkle), Düsseldorf 1973, 31–42.

10　Vgl. Ijob 1,6; 2,1: »Nun geschah es eines Tages, da kamen die Gottessöhne, um vor den Herrn hinzutreten, unter ihnen kam auch der Satan …«

11　Apostelgeschichte 22,3: »Ich [Paulus] bin ein Jude, geboren in Tarsus in Zilizien, hier in dieser Stadt [Jerusalem] erzogen, zu Füßen Gamaliëls genau nach dem Gesetz der Väter ausgebildet, ein Eiferer für Gott, wie ihr alle es heute seid.«

12　Vgl. Psalm 1,1–3: »Wohl dem Mann, der nicht dem Rat der Frevler folgt, nicht auf dem Weg der Sünder geht, nicht im Kreis der Spötter sitzt, sondern Freude hat an der Weisung des Herrn, über seine Weisung nachsinnt bei Tag und bei Nacht. Er ist wie ein Baum, der an Wasserbächen gepflanzt ist, der zur rechten Zeit seine Frucht bringt und dessen Blätter nicht welken. Alles, was er tut, wird ihm gut gelingen.«

13　Leviticus / 3 Mose 16,34: »Das soll für euch als feste Regel gelten: Einmal im Jahr [d. i. im siebten Monat, am zehnten Tag des Monats] sollen die Israeliten von allen ihren Sünden entsühnt werden.«

14　Vgl. Psalm 75,9: »Ja, in der Hand des Herrn ist ein Becher, herben, gärenden Wein reicht er dar, ihn müssen alle Frevler der Erde trinken, müssen ihn samt der Hefe schlürfen.«

15　Die *Einheitsübersetzung* ist an dieser Stelle sehr ungenau, wenn sie *skeuos=Gefäß* mit etwas und *hieron=Heiligtum, Tempel* nur hier mit »Tempelbezirk« wiedergibt. Vgl. dagegen das *Münchener Neue Testament*: »und nicht ließ er zu, dass einer hindurchtrage ein Gefäß durch das Heiligtum«.

16　Beispielsweise der Tisch, auf dem die Schaubrote angerichtet wurden, oder die goldenen Leuchter. Und für diese Geräte benutzten die griechisch sprechenden Juden eben das Substantiv *skeuos, das uns auch in Markus 11,16 begegnet!*

17　Shmuel Safrai, Die Wallfahrt im Zeitalter des Zweiten Tempels, Neukirchen-Vluyn 1981, 216f.

18　Vgl. dazu Wilhelm Schneemelcher, Neutestamentliche Apokryphen I. Evangelien, Tübingen ²1987, 82.

19　Er wird in dem Text zwar in den Rang eines *Hochpriesters* mit dem Namen Levi versetzt, doch geschah dies wohl, um dem geschilderten Vorgang mehr Gewicht zu verleihen. Normalerweise waren es die Leviten, die die Eintretenden fragen mussten, ob sie sich vorschriftsmäßig gereinigt hatten, vgl. Shmuel Safrai (s. Anm. 17), 176, Anm. 150.

20　Pap. Oxyrhynch. 840. Übersetzung aus Wilhelm Schneemelcher (s. Anm. 18). Der griechische Text findet sich in Kurt Aland, Synopsis Quattuor Evangeliorum. Stuttgart ²1988, 219, Zeilen 113–120.

21　Christoph Niemand, Jesus und sein Weg zum Kreuz. Ein historisch-rekonstruktives und theologisches Modellbild, Stuttgart 2007, 224f.

22　»Sollte Jesus sein Abschiedsmahl wirklich nur mit den zwölf Männern … begangen haben, wie man immer wieder hört? Wo waren während dessen die Frauen, die doch auch mit ihm nach Jerusalem hinaufgezogen waren (Mk 15,40f.; vgl. Mt 27,55f.; Lk 23,49; Joh 19,25)?« Michael Theobald, Das Herrenmahl im Neuen Testament, in: Theologische Quartalschrift 183 (2003), 257–280, hier: 263, Anm. 28.

23　Matthäus 26,20–29; Markus 14,17–25; Lukas 22,14–23; 1 Korinther 11,23f.

24 Niemand, Jesus und sein Weg zum Kreuz (s. Anm. 21), 319f.
25 Niemand, Jesus und sein Weg zum Kreuz (s. Anm. 21), 414f.
26 Markus 14,53–65; Matthäus 26,57–68; Lukas 22,54f.66–71; Johannes 18,12–24.
27 Verständlicherweise begannen bereits die frühen Christen, dieses Bild des enttäuscht sterbenden Jesus mit helleren Farben zu übermalen: Lukas 23,44–46; Johannes 19,28–30.
28 Hubert Knoblauch, Berichte aus dem Jenseits. Mythos und Realität der Nahtoderfahrung, Freiburg i.Br., ²1999, 193.
29 Ebd.
30 Erwartet wurde ja nur die *kollektive* Auferweckung am Ende der Zeit!
31 Peter Handke, Die Geschichte des Bleistifts, Salzburg – Wien 1982, 71f.
32 Es sollen nicht *alle* Deutungen des Todes Jesu im Neuen Testament vorgestellt werden. Die folgenden vier Kapitel wollen vielmehr an verschiedenen Beispielen einsichtig machen, dass wir keineswegs auf *eine* bestimmte Interpretation des Kreuzestodes Jesu festgelegt sind. Gerade in der Tradition der urchristlichen Theologie können wir aufs Neue fragen: Weshalb war Jesus von den Römern hingerichtet worden? Musste es dazu kommen, weil Jesu Leben und Wirken sonst sinnlos geworden wäre? Oder könnte es sich auch bei Jesu Kreuzigung nicht nur um einen der vielen sinnlosen Tode im Lauf der Menschheitsgeschichte gehandelt haben?
33 Einen guten Überblick über die Zerstreuung, die Diaspora, in der die Juden zur Zeit Jesu lebten, bietet uns die Völkerliste, die in der Apostelgeschichte 2,9f. im Zusammenhang mit dem Sprachenwunder an Pfingsten begegnet.
34 An den Stellen, an denen in unseren Übersetzungen des Alten Testaments die Wörter »gehorchen / Gehorsam« begegnen, ist im hebräischen Urtext vom *Hören* die Rede! Siehe dazu Genaueres S. 131–133.
35 Siehe dazu S. 36.
36 Übersetzung nach Ulrich Wilckens, Der Brief an die Römer, Band III, Neukirchen – Zürich ²1989, 29. – Ärgerlich verharmlosend die *Einheitsübersetzung*: »Sie (die staatliche Gewalt) steht im Dienst Gottes und vollstreckt das Urteil an dem, der Böses tut.«
37 Vgl. 1 Korinther 15,56: »Der Stachel des Todes aber ist die Sünde, die Kraft der Sünde ist das Gesetz.«
38 Übersetzung nach Wolfgang Schrage, Der erste Brief an die Korinther (1 Kor 1,1–6,11), Neukirchen – Zürich 1991, 239.
39 Vgl. 2 Korinther 5,19f.: »Ja, Gott war es, der in Christus die Welt mit sich versöhnt hat, indem er den Menschen ihre Verfehlungen nicht anrechnete und uns das Wort von der Versöhnung (zur Verkündigung) anvertraute. Wir sind also Gesandte an Christi Statt, und Gott ist es, der durch uns mahnt. Wir bitten an Christi Statt: Lasst euch mit Gott versöhnen!« – Wir sollten hier beachten: Für Paulus sind nicht wir Menschen es, die durch Christi »Opfertod« Gott versöhnen. Gottes Zorn besteht [nach Paulus] auch noch nach dem Karfreitag! Es ist Gott, der uns »in Christus« die Versöhnung – und damit die Rettung vor seinem Zorn – *von sich aus* anbietet.

40 Klaus Koch, Gibt es ein Vergeltungsdogma im Alten Testament?, in: ders. (Hg.), Um das Prinzip der Vergeltung in Religion und Recht des Alten Testaments, Darmstadt 1972, 130–180, hier 164.
41 Vgl. dazu bereits Meinrad Limbeck, Zürnt Gott wirklich? Fragen an Paulus, Stuttgart 2001, 33–35.
42 Übersetzung nach Erhard S. Gerstenberger, Das 3. Buch Mose. Leviticus (Altes Testament Deutsch 6), Göttingen 1993, 51. – Die in Klammer beigegebenen Übersetzungen von Martin Buber möchten schon hier darauf hinweisen, dass die mehrmalige Verwendung des Wortes »Opfer« im hebräischen Urtext keinen Anhalt hat, vgl. Klaus Koch, Artikel ḥāṭā', in: Theologisches Wörterbuch zum Alten Testament, Band II, Stuttgart 1977, Spalte 857–880, hier 866: »Die Übersetzung ›Sündopfer‹ für den mit ḥaṭṭā'ṯ gekennzeichneten Ritus, so fest er auch eingebürgert ist, scheint doch ein großes Mißverständnis zu sein, entstanden in einer Zeit, wo jeder außerchristliche Kultritus im Sinne des lateinischen ›do ut des‹ als Opfer an die Gottheit vorgestellt wurde. JHWH ist jedoch nicht der Empfänger der ḥaṭṭā'ṯ. Zwar zählt der Ritus des qôrbān (Lev 4,32) als Darbringung am Heiligtum, aber nur, weil er allein dort seine Wirksamkeit erhalten kann – zugunsten des darbringenden Menschen! ... JHWH empfängt nicht, sondern gibt, ist nicht Objekt, sondern Subjekt einer Handlung, die in seinem Namen vom Priester vollzogen wird.«
43 Siehe Seite 24f.
44 Zum Begriff der Potenzialität vgl. Hans-Peter Dürr, Geist, Kosmos und Physik. Gedanken über die Einheit des Lebens, Amerang 2010,15.
45 Eui Wang, Giftgas mit Heilkraft, in: Spektrum der Wissenschaft, März 2011, 22–27, 23.
46 Die folgenden Ausführungen beziehen sich auf www.pegasusgmbh.de; brand eins 12/2008 – SCHWERPUNKT: Glück: Friedrich Kiesinger; Psychologe und Unternehmer. Wir müssen uns nicht verstellen: Sinnvolle Arbeit.
47 Nach *Ulla Niemann* in ihrem Beitrag »›Rückenwind‹ – Selbsthilfe gegen Kinderarmut« für Radio Bremen.
48 Hans-Rudolf Stadelmann, Im Herzen der Materie. Glaube im Zeitalter der Naturwissenschaften, Darmstadt 2004, 68.
49 Zitiert in: Stadelmann, Im Herzen der Materie (s. Anm. 48), 75.
50 Vgl. Markus 1,15 sowie Seite 36.
51 Erschienen in: DER SPIEGEL Nr. 52, 23.12.2000, 118–123.
52 Vgl. dazu ausführlich Meinrad Limbeck, Alles Leid ist gottlos. Ijobs Hoffnung contra Jesu Todesschrei, Stuttgart 2005.
53 Vgl. Genesis / 1 Mose 3,4–6: »Darauf sagte die Schlange zur Frau: Nein, ihr werdet nicht sterben. Gott weiß vielmehr: Sobald ihr davon esst, gehen euch die Augen auf; ihr werdet wie Gott und erkennt Gut und Böse. Da sah die Frau, dass es köstlich wäre, von dem Baum zu essen, dass der Baum eine Augenweide war und dazu verlockte, klug zu werden.«
54 Tim Varin in: DIE ZEIT online vom 24.06.2008.
55 Siehe Seite 120.